新日本语能力考试 N1全真模拟试题

第4版

附赠音频及详解

主 编○许纬　Reika

编 著○新世界教育
樱花国际日语图书事业部

華東理工大學出版社
EAST CHINA UNIVERSITY OF SCIENCE AND TECHNOLOGY PRESS
·上海·

图书在版编目(CIP)数据

新日本语能力考试N1全真模拟试题：附赠音频及详解 / 许纬，Reika主编；新世界教育，樱花国际日语图书事业部编著. —4版. —上海：华东理工大学出版社，2024.6

ISBN 978-7-5628-7314-3

Ⅰ. ①新… Ⅱ. ①许… ②R… ③新… ④樱… Ⅲ. ①日语-水平考试-习题集 Ⅳ. ①H369.6

中国国家版本馆CIP数据核字(2024)第084615号

项目统筹 / 周璐蓉
责任编辑 / 周璐蓉
责任校对 / 金美玉
装帧设计 / 徐　蓉
出版发行 / 华东理工大学出版社有限公司
地址：上海市梅陇路130号，200237
电话：021-64250306
网址：www.ecustpress.cn
邮箱：zongbianban@ecustpress.cn
印　　刷 / 上海展强印刷有限公司
开　　本 / 787mm×1092mm　1/16
印　　张 / 15
字　　数 / 688千字
版　　次 / 2011年4月第1版
2024年6月第4版
印　　次 / 2024年6月第1次
定　　价 / 52.00元

前　言

由樱花国际日语图书事业部编写的《新日本语能力考试N1全真模拟试题(解析版)》自2011年4月推出以来,广受好评,成为很多考生的必备用书。新日本语能力考试自2010年7月至今已实施了十四年,为了使本书的内容更加充实、完善,更好地体现考试的倾向,我们推出了本书的第4版。第4版的推出,将有助于考生更好地把握考试动态,进行实战模拟练习。

【本书内容与特点】

- **8套模拟试题**

  ①完全遵循新日本语能力考试的题型结构出题。

  ②出题角度及难易程度贴近真题。

  ③阅读文章选自日本原版教材、小说、散文、媒体评论等。

  ④听力内容涉及演讲、朋友间的对话等,考生通过反复练习可增强语感。

- **解析透彻,指导解题对策**

  ①掌握做题方法,巩固所学知识点。

  ②补充相关词汇、短语,提高词汇量。

  ③阅读文章附中文概要,概括文章大意,帮助考生理解文章内容。

  ④附听力原文,帮助考生理解疑难点。

新日本语能力考试的题型丰富多样,阅读和听力的比重较大,对知识点的考查也比较灵活,注重考查灵活运用语言知识的能力。

想要顺利通过考试,除了全面、扎实地掌握文字词汇及语法的基础知识以外,还需要通过贴近真题的全真模拟试题进行强化训练。通过全真模拟试题,考生可以对自己所学的知识进行查漏补缺,从而开展有针对性的复习。同时,在规定的时间内完成1套完整的模拟试题,可以帮助考生在实际考试时合理分配时间。在实际的考试中,阅读和听力是最容易失分的环节，只有通过实战模拟，考生才能适应考试的难度和节奏，发挥出自己的真实水平。

希望通过对本书的学习，考生可以把握考试全貌，充满信心地去应对考试。

2024 年 3 月

新世界教育

樱花国际日语图书事业部

新日本语能力考试 N1 考试题目的构成

考试科目（考试时间）		试题结构		
		大题		考查内容
语言知识·阅读（110 分钟）	文字·词汇	1	汉字读法	是否能够读出用汉字书写的词语
		2	前后关系	是否能够根据前后关系判断出规定意义的词语是什么
		3	近义替换	是否掌握与试题词语含义相近的词语及表现方法
		4	用法	是否了解该词在句中的用法
	语法	5	句子语法 1（语法形式判断）	是否能够判断语法形式合乎句子内容与否
		6	句子语法 2（句子的组织）	是否能够准确而通顺地组织句子
		7	文章语法	是否能够判断句子符合上下文关系与否
	阅读	8	内容理解（短篇）	阅读包括生活、工作等各种话题在内的说明文、指示文等 200 字左右的文章后，是否能够理解其内容
		9	内容理解（中篇）	阅读评论、解说、随笔等 500 字左右的文章后，是否能够理解其因果关系及理由
		10	内容理解（长篇）	阅读解说、随笔、小说等 1000 字左右的文章后，是否能够理解其概要以及作者的思路
		11	综合理解	阅读多篇文章（合计 600 字左右）之后，是否能够通过比较和综合来进行理解
		12	论点理解（长篇）	阅读社论、评论等带有抽象性和逻辑性的 1000 字左右的文章后，是否能够从整体上掌握其主张及意见
		13	信息检索	是否能够从广告、宣传册、信息期刊、商务文件等信息素材（700 字左右）中获取必要信息
听力（55 分钟）		1	问题理解	听到内容连贯的文章后，是否能够理解其内容（是否能够听取解决具体问题所需要的信息，并理解下一步应该怎么做）
		2	重点理解	听到内容连贯的文章后，是否能够理解其内容（是否能够根据事先提示的应注意听取的事项，来听取重点）
		3	概要理解	听到内容连贯的文章后，是否能够理解其内容（是否能够通过整体文章来理解说话者的意图及主张）
		4	即时应答	是否能够在听到较短的语言表述后选出适当的应答
		5	综合理解	听过较长的文章后，是否能够通过多项信息的比较和综合来理解其内容

新日本语能力考试 N1 的合格标准

级 别	考试科目	时 间	得分项目	得分范围
N1	语言知识(文字·词汇·语法)、阅读	110 分钟	语言知识(文字·词汇·语法)	0～60 分
			阅读	0～60 分
	听力	55 分钟	听力	0～60 分
	总计	165 分钟	总分	0～180 分

级 别	总 分		语言知识（文字·词汇·语法）		阅 读		听 力	
	得分范围	合格线	得分范围	及格线	得分范围	及格线	得分范围	及格线
N1	0～180 分	100 分	0～60 分	19 分	0～60 分	19 分	0～60 分	19 分

目　次

附赠:听力原文及全部试题的解析(获取方式请见封面)

模擬テスト

第１回

言語知識（文字・語彙・文法）・読解

（110分）

言語知識（文字・語彙）

問題1 ＿＿＿＿の言葉の読み方として最もよいものを、1·2·3·4から一つ選びなさい。

1 今回の不祥事で会社の上層部は責任を免れない。

1 のがれ　2 ねじれ　3 まぬがれ　4 おとずれ

2 付き合って三ヶ月で結婚するなんて軽率だ。

1 けいそつ　2 けいいき　3 かるいき　4 けいりつ

3 人間は常に自分の便宜を求める傾向がある。

1 べんい　2 びんぎ　3 びんい　4 べんぎ

4 彼女と別れて胸が裂けるほどつらい。

1 さける　2 むける　3 やける　4 ふける

5 初恋のような純粋な恋愛を望んでいる。

1 きざんで　2 のぞんで　3 このんで　4 つまんで

6 月賦で新しい車を購入した。

1 つきふ　2 げつふ　3 げっぷ　4 つきぷ

問題2 （　　　）に入れるのに最もよいものを、1·2·3·4から一つ選びなさい。

7 株主総会では赤字運営を続ける経営者の責任を厳しく（　　　）した。

1 追求　2 追究　3 追放　4 追及

8 先週から校舎の改修工事が（　　　）的に始まった。

1 本格　2 本場　3 本気　4 本音

9 一週間後に結婚式なのに、まだ準備が（　　　）いない。

1 そなわって　2 ととのって　3 さだまって　4 かためて

10 こちらは紅葉で（　　　）お寺で、観光客でにぎわっている。

1 名高い　2 根深い　3 甲高い　4 奥深い

11 このプログラムは優秀な翻訳者の（　　　）を目標としている。

1 形成　2 栽培　3 育成　4 保育

12 就職の内定取り消しの話を聞いて(　　　　)となった。

1　断然　　2　整然　　3　漠然　　4　呆然

13 子どもの(　　　　)邪気な顔を見ていると、なんだか元気になる。

1　非　　2　不　　3　半　　4　無

問題3　＿＿＿＿の言葉に意味が最も近いものを、1･2･3･4から一つ選びなさい。

14 3年前の失恋の痛みをひきずって立ち直れない。

1　いやして　　2　ながびかせて　　3　やわらげて　　4　わすれて

15 自分がやるべき目の前の仕事をしぶとくやり続ける。

1　すばやく　　2　こころよく　　3　ねばりづよく　　4　しかたなく

16 どんな人でも、しくじることがあるだろう。

1　失敗する　　2　出世する　　3　辛抱する　　4　絶望する

17 あんのじょう、彼は今度も大学受験に落ちて二浪になった。

1　意外に　　2　予想どおり　　3　驚いたことに　　4　期待に反して

18 彼女は必要以上に形にこだわっている。

1　とらわれて　　2　かぎられて　　3　とりくんで　　4　まぎれて

19 チームにまとまりがないので勝てないのだ。

1　妥協　　2　向上心　　3　一体性　　4　総合

問題4　次の言葉の使い方として最もよいものを、1･2･3･4から一つ選びなさい。

20 全快

1　深夜の高速道路を全快で走る。
2　来週までに全快して退院できる予定だ。
3　命を救うために全快を尽くしている。
4　家族全快そろってトランプ遊びをした。

21 預かる

1　旅に出る前にホテルを預かったほうがいい。
2　銀行にお金を預かっても大した利息はつかない。
3　貴重品はフロントで預かってくれる。

4　万が一に預かって保険に入っている。

22　紛失

1　どちらの道を選ぶか紛失している。

2　お客様の情報が入った書類を紛失してしまった。

3　犯人は事故の紛失に乗じて、現場から逃げた。

4　信用を紛失するのは簡単だけど、回復するのは大変だ。

23　見計らう

1　体温を見計らって熱があるかどうか確認する。

2　駅構内を見計らっていたら大きな案内板があった。

3　雨がやんだのを見計らって走りに行く。

4　生産管理の効率化を見計らう。

24　まるまる

1　そんな理由で断るなら、まるまる納得できない。

2　食べすぎと運動不足でまるまるになっている。

3　彼は力持ちで、重い荷物もまるまると持ち上げた。

4　有給休暇の消化でまるまる2週間休んだ。

25　タイミング

1　せっかくのタイミングを見逃して、悔しくて仕方がない。

2　急な残業で子どもを迎えに行くタイミングに間に合わなかった。

3　会議での彼の発言はタイミングがよかった。

4　都心の桜はすでにタイミングを過ぎた。

言語知識(文法)

問題5　次の文の(　　　　)に入れるのに最もよいものを、1·2·3·4から一つ選びなさい。

26 「こちらのお菓子は製品としての形が多少悪い、賞味期限が若干短いなどの問題はありますが、味·品質には(　　　　)問題はございません。」

1　なかなか　　2　できれば　　3　まもなく　　4　なんら

27 A「この度、私のミスで皆さんにご迷惑をおかけしました。」

B「早く本当のことを言ってくれればみんな助けてあげた(　　　　)。」

A「はい、今後気をつけます。本当に申し訳ございませんでした。」

1　だろうに　　2　とはいえ　　3　とあれば　　4　にしては

28 あのとき、空港方面への電車が故障さえしていなければ、私もあの飛行機事故に巻き込まれていた(　　　　)。

1　それまでだ　　2　ところだった

3　ほかなかった　　4　べくもなかった

29 あの映画、評判がいい(　　　　)、平日でも列をつくるほどだそうだ。

1　とあって　　2　ともなると　　3　といえば　　4　とあいまって

30 この間、初めて神戸を訪ね、歴史ある港町(　　　　)風景を楽しんだ。

1　に至る　　2　ならではの　　3　にたえる　　4　も同然の

31 交通事故に遭った瞬間は、パニック状態になって、(　　　　)声が出なかった。

1　叫んでほどなく　　2　叫ぼうか叫ぶまいか

3　叫ばせても　　4　叫ぼうにも

32 体調不良で昨日まで3日間会社を休んだので、今日は山の(　　　　)仕事がある。

1　ゆえに　　2　ごとく　　3　ために　　4　かたわら

33 初めて外国語で論文を書いたので、多少の誤りがあっても(　　　　)。

1　やむをえない　2　かたくない　3　きわまりない　4　禁じえない

34 好奇心旺盛な性格(　　　　)、人から見ればなんでもない現象でも、彼の目には奇妙に映るらしい。

1　までには　　2　上には　　3　とばかりに　　4　ゆえに

35 例の単価のことですが、500円とはいわないまでも、もう少し下げてくれ(　　　　)。

1 ないことでしょうか　　2 ればよかったものを

3 ないものでしょうか　　4 まいと思われる

問題6 次の文の ＿★＿ に入る最もよいものを、1·2·3·4から一つ選びなさい。

(問題例)

あそこで ＿＿＿ ＿＿＿ ＿★＿ ＿＿＿ は山田さんです。

1 テレビ　　2 見ている　　3 を　　4 人

(解答の仕方)

1. 正しい文はこうです。

あそこで ＿＿＿ ＿＿＿ ＿★＿ ＿＿＿ は山田さんです。 1 テレビ　3 を　2 見ている　4 人

2. ＿★＿ に入る番号を解答用紙にマークします。

(解答用紙) (例) ① ● ③ ④

36 運動が苦手だ ＿＿＿ ＿＿＿ ＿★＿ ＿＿＿、たまにジョギングをしたりする。

1 ぜんぜん　　2 ほどでもなく　　3 できない　　4 といっても

37 ベビーカーに乗っている赤ちゃんを見かけ、＿＿＿ ＿＿＿ ＿★＿ ＿＿＿ しまった。

1 微笑んで　　2 可愛さに　　3 思わず　　4 あまりの

38 A「山崎さんはみどり農園で農業体験をしてきたね。」

B「はい、実際に農園で摘果作業を ＿＿＿ ＿＿＿ ＿★＿ ＿＿＿ 実感しまして、いい思い出になりました。」

1 中で　　2 作業の大変さを

3 体験させて　　4 いただく

39 山田商事では、国際情勢の ＿＿＿ ＿＿＿ ＿★＿ ＿＿＿、新たなグローバル戦略を模索している。

1 対応し　　2 動きに　　3 ことから　　4 きれなくなった

40 一流企業 ＿＿＿＿ ＿★＿ ＿＿＿＿ ＿＿＿＿ 幸せな気持ちでいっぱいだ。

1 就職できる　　2 ところに
3 というだけで　　4 といわれる

問題7 次の文章を読んで、［41］から［45］の中に入る最もよいものを、1·2·3·4から一つ選びなさい。

以下は、雑誌のコラムである。

不登校の子どもや、家庭内暴力で家族を悩ませている子どもに、［41］、ガンガンにうるさいロックを選んだりします。そういうものを聴いているうちに、心が落ち着いてきて、「ああ、モーツァルトもいいね」という世界になっていくのですが、それは、彼らの心象風景そのものを物語っています。音楽療法の理論の中には、心の状態や変化に伴って、選ぶ音楽も変化していく「同質の原理」という言葉があります。この「同質の原理」は、肉体的、生理的、社会的な条件によって、また世代の違いとして表れることがあります。年代によって、［42］のです。

たとえば、うつ病の人がいたとします。私たちは、うつ病の人に元気になってもらいたいと思って、［43］。ところが、これはまったくの逆効果で、元気な音楽を無理やり聴かされた人は、さらに落ち込んでしまい、自殺してしまうことさえあります。［44］、効果的な方法は、「同質の原理」に基づいて、うつ病の人の心の状態に一致するような、それと同質の音楽を聴かせることです。

音楽など、聴く気にもなれないと訴えるうつ病患者に、どんなものなら聴けるのかをカウンセリングしながら、いろいろな音楽を提示します。すると、ほんとうに陰陰滅滅とした音楽を選んだりしますが、しかしそれを聴いて、ぼろぼろ泣いたり、もがいて苦しんだりした後に、ふっと、少しだけ元気になれるのです。

ほんとうに共鳴できる音楽を聴くことで、少し元気になる。なぜかというと、そうした音楽の中には、情緒的に働きかける部分があると同時に、「リズム」「音楽としてのリズム」があるからです。［45］、そこにはリズムがありますから、それが心臓や脳に働きかけて、定常性を活性化させるわけです。

41 1 好きな音楽を選ばれると　　2 聴きたい曲を選ぶようにすると
3 好きな音楽を選ばせると　　4 聴きたい曲を選ぼうと思わせると

42
1 好きな音楽が一致するといわざるをえない
2 好きな音楽も大した差がないだろう
3 好きな音楽もだいたい決まっている
4 好きな音楽に違いが出る

43
1 元気でリズムの速い音楽を聴きたくなるのです
2 陽気な楽しい音楽を聴かせようとしがちです
3 明るい音楽を選んで一緒に聴こうとしたかったのです
4 相手が好きな音楽をすすめる嫌いがあるのです

44
1 だたし　　2 つまり
3 または　　4 それに

45
1 どんなに陰鬱な音楽でも　　2 どんなに陽気な音楽でも
3 陰鬱な音楽に限って　　4 陽気な音楽に限って

読　解

問題8　次の文章を読んで、後の問いに対する答えとして最もよいものを、1·2·3·4から一つ選びなさい。

（1）

ボランティア活動は人間だけが持ちうる楽しい特権（とっけん）である。お互いに弱さを持つ人間が身を寄せながら助け合う。他者のニーズを受けて立ち上がるエネルギーを、人間はみな持っている。自分以外のことに自分の能力を使う特権を発揮することは、人間の証（あかし）である。人間には二つの寿命（じゅみょう）があり、一つは、自分のためだけの、生物のいのちとしての寿命、もう一つは、人間でなければできないことに使われる寿命なのである。

46　筆者がここで最も言いたいことは何か。

1　ボランティア活動は人間の特権なので、弱い人は助けを求めるべきだ。
2　人間は特権を発揮するためにみなエネルギーを持っている。
3　いのちのかぎり、弱い立場の人を助けるのが人間である。
4　人間にとってボランティア活動は生物としての寿命である。

（2）

「仕事だけが人生じゃない。」よく聞く言葉だ。確かに、人生イコール仕事ではない。だから、良い人生だったかどうかというのは、良い仕事とめぐりあったかどうかと完全にはイコールではない。しかし、人生の中で仕事が瑣末（さまつ）なことかというと決してそうではない。人生の中で仕事は重要な部分を占める。良い人生だったかどうかは、良い仕事とめぐりあえたかどうか、その仕事を通じて良き仲間と交流できたかどうか、その仕事を自分がやりきったという実感を持てるかどうかと大きく関係する。

47　筆者の考えに合うのはどれか。

1　仕事は人生の全部ではないが、重要な部分である。
2　人生の中でもっと個人の自由を大事にするべきだ。
3　人生の中で、仕事以外にも大事なことはたくさんある。
4　いい人生だったかどうかは仕事のいかんにかかっている。

(3)

お互いに適正な競争はやりつつも、過当競争はいわば罪悪として、これを排除しなくてはなりません。特に資本力の大きな大企業、業界のリーダー的な企業ほど、そのことを自戒しなくてはいけない。小さな企業が少々過当競争的なことをしても、リーダー的な企業が毅然として正しい競争に徹したならば、業界はそう混乱しないでしょう。しかし、もしリーダー的な企業が率先して過当競争を始めたのでは、あたかも世界大戦のごとき大混乱をもたらして業界をいちじるしく疲弊させ、その信用を大きく失墜させることにもなります。

48 本文の内容と合っているものはどれか。

1 過当競争をする企業は市場を混乱させるため、業界から排除すべきだ。
2 小さな企業はお互いに過当競争をしてもかまわない。
3 業界の大企業は適正競争に徹底しないといけない。
4 業界のリーダー的な企業の過当競争は世界大戦を招く。

(4)

「賞味期限(しょうみきげん)」とは、容器包装を開封せず、指定された方法で保存した時に、おいしさなどの品質を十分に保つことができる期限。食品衛生法とJAS法で表示が義務付けられている。この期限を過ぎてもすぐに食べられなくなるというわけではなく、ある程度の期間の余裕をもって設定される。牛乳や冷凍食品、鶏卵(けいらん)などの比較的傷みにくい食品が対象。調理パンや惣菜(そうざい)、食肉など製造日から5日以内に品質が急に悪くなる食品は「消費期限」を表示している。

49 本文の内容と合っているものはどれか。

1 「賞味期限」と「消費期限」は同じ意味で使われている。
2 牛乳や食肉などは質がすぐ悪くなるので「消費期限」で表示している。
3 「賞味期限」や「消費期限」を過ぎたものは食べてはいけない。
4 「賞味期限」はおいしさの品質を保証する期間である。

問題9　次の文章を読んで、後の問いに対する答えとして最もよいものを、1・2・3・4から一つ選びなさい。

(1)

毎日楽しそうに送っている人。

明るく、やる気があって、元気にあふれている人は「①人の心をつかむ人」だと思う。

といっても、やたらと声が大きいとか、押しつけがましくよくしゃべるだけが「元気がいい」人ではない。のんびりしていてもいいし、おだやかでもいい。ただ、自分のやるべきことを、自分の意思や気持ちでやっている人がいい。

自分のやることを「イヤイヤ」やっている人もけっこういるものだ。

「上司に命令されたからしかたなく」

「他にやる人がいないから」

といった感じだ。ちっとも楽しそうではない。むしろ悲しそうである。できることなら今すぐ放り投げて、逃げ出したい思いが散見する。

「(　②　)」と言いたくもなる。

「でも、仕事をやめたら生活が…」

「人間関係があって、そうはいかないのです」

などの「③しかたなし」の答えが返ってくるのだろう。それならせめて、もう少し自分が楽しくできそうな仕事を選んだらどうなのか。いろいろ難しい理由があるのだろうか。いろいろな理由があってどうせやらなければならないのなら、もう少し前向きに取り組んだらどうなのか。そうはいっても、きっとできない理由があるのだろう。

50　筆者が考える①「人の心をつかむ人」はどんな人か。

1　声が大きく、元気がいい人
2　のんびりしていて、おだやかな人
3　イヤな仕事でも、我慢してやっている人
4　自分の意思で、楽しくやるべきことをやっている人

51　本文の(　②　)に入る最も適当な言葉はどれか。

1　もっと仕事をがんばったらどうですか
2　楽しそうに仕事をしたらどうですか
3　そんなにイヤなら、やめたらどうですか
4　仕事を放り投げないで、続けたらどうですか

52 本文の③「しかたなし」の説明として正しいものはどれか。

1 いろいろ理由があって、楽しくできる仕事を選ぶのは難しい。
2 生きていくためにイヤな仕事でもしなければならない。
3 やらなければならないことがたくさんあって困っている。
4 生活のためにイヤな仕事をしているわけではない。

(2)

世の中には成功する人と成功しない人がいます。もちろん、成功しない人のほうが多いのですが、成功する人と成功しない人と、どこが違うのか観察してみると、①資質の上でそんなに違いはありません。成功する人だからといって特別、頭の回転が速いわけでもないし、成功しない人だからといって、いつも怠けてばかりいるわけでもありません。ではどこが違うかというと、人に教わったことでもよし、本で読んだことでもよし、なるほどと納得したことがあったら、その瞬間からそれはその人の血となり、肉となってすぐに実行に移すことができるという点です。たとえば、新幹線のプラットフォームに立って、人から「この列車に乗れば、三時間で大阪に行けますよ」と聞いた途端に、「そうか、それじゃ乗ってみよう」と②すぐ飛び乗る人と、掃除のおばさんのように「ハア、そう聞いていますが、行ってみたことはございません」と言って車両から降りてしまう人との違いです。人からいくら話を聞いても実行しない人は、いつまでも同じ位置にいます。一生同じことをやっているだけでしょう。

53 ①「資質」とは何か。

1 人間が成長していく中で身につく実行力
2 人間が生まれつき持っている性質や才能
3 人間が生まれつき持っている優しい心
4 人間が成長するにつれて身につく体力

54 ②「すぐ飛び乗る」とあるが、どこへ飛び乗るのか。

1 新幹線のプラットフォーム
2 乗ってみたことのない列車
3 三時間で大阪に行ける列車
4 掃除のおばさんが乗る列車

55 本文の内容と合っているものはどれか。

1 成功する人と成功しない人との違いは資質があるかどうかだ。
2 成功しない人は頭の回転が遅く、怠けている人だ。
3 成功する人と成功しない人との違いは新幹線の乗り方でわかる。
4 成功する人は、自分で納得したらすぐ行動を始める人だ。

(3)

「手入れ」と「コントロール」は違う。「手入れ」は相手を認め、相手のルールをこちらが理解しようとすることから始まる。これに対して、「コントロール」は、相手をこちらの脳の中に取り込んでしまう。対象を自分の脳で理解できる範囲内のものとしてとらえ、脳のルールで相手を完全に動かせると考える。しかし自然を相手にするときには、そんなことができるはずがない。虫を追いかけているのも、虫がどこにいてなにをしているのか、自分の脳がすべて把握できるわけではないからだ。相手を自分の脳を超えたものとして認め、できるだけ相手のルールを知ろうとする。これが自然とつきあうときの、いちばんもっともなやり方だと思う。

環境問題とは、人間が自然をすべて脳に取り込むことができ、コントロールできると考えた結果、起こってきたとみることもできる。それと裏腹(うらはら)に、自然のシステムはとても大きいから、汚染物質を垂れ流しても、「自然に」浄化(じょうか)してくれるだろうという過大な期待もあった。人間は自然を相手にするとき、理解できる部分はコントロールし、理解を超えた部分には①目をつぶってきた。一言で言うなら、相手に対する謙虚な姿勢がなかったのである。(中略)

相手を理解してコントロールしているつもりが、(　②　)。環境問題の多くは、そのために深刻化した。

56 ①「目をつぶってきた」とあるが、ここではどういう意味か。

1 理解できないことは解決の日が来るまで待つことにしてきた。
2 自然を人間のために利用する対象としてしか考えてこなかった。
3 自然に対する謙虚な姿勢がなく環境破壊を起こしてきた。
4 都合の悪いことは、あまり考えずそのままにしてきた。

57 (　②　)に入る最も適当なものはどれか。

1 いつの間にかコントロール不能になる
2 かえって理解できなくなった
3 結局コントロールされてしまう
4 やがて「手入れ」することになる

58 筆者がここで最も言いたいことはどれか。

1 自然を認め、自然の摂理を理解しようとすることが大事だ。
2 自然界のバランスを保つために、人間が謙虚な姿勢で管理すべきだ。
3 自然のルールを尊重し、自然をそのまま保護しなければならない。
4 自然のシステムを完全に把握すれば、環境問題は解決できる。

問題10　次の文章を読んで、後の問いに対する答えとして最もよいものを、1・2・3・4から一つ選びなさい。

久しぶりに会う友人と食事をしていた時のことだ。友人には小学校高学年の娘がいた。「お父さんとしては、やっぱり運動会でビデオを撮りまくったりするんですか？」と私はやや茶化(ちゃか)して(注1)尋ねた。デザイナーの友人は、およそ子どものビデオ撮影に熱狂するような父親には見えなかったからだ。彼は「まあ、人並み程度には撮りますよ」と答えたあと、①急に神妙な面持ちになった。

「僕らが子どもの頃って、せいぜい色褪せた写真が少しあっただけでしょう？でもいまの子たちには、子ども時代の動く映像が死ぬほど残っているんです。証拠がたくさんあるから、記憶を勝手に書き換えたりできない。記憶がすごく映像に縛られる。それはそれで、けっこう辛いことだと思いますよ…。」

小さい頃、人の昔話を聞くのが好きだった。当時としては比較的多い七人という家族構成に加え、父の工場で働く工員さんやお手伝いさん、近くに住む親戚など、我が家には常に人がひしめきあい、会話が飛び交っていた。好むと好まざるにかかわらず、私は話にまみれていた。

父が東京から埼玉へ向かう列車に乗っていた時空襲に遭い、祖父とはぐれて(注2)しまったときの話。母が勤めていた会社の工場で爆発事故があったこと。祖母の末弟が不慮の事故で命を落としてしまった場面。祖父が徴兵検査に合格したくないがためにどんな努力をしたか。両親の結婚式で、酔っ払った農家の親戚が式場の芝生で立ち小便をしてしまった時の、みんなの呆気にとられた顔。東京で働いていた母が久しぶりに実家へ帰る時、祖母がちょうちん(注3)を持って駅まで迎えに来てくれたという話…。

記憶によってしか過去を再生できない時、人は驚くべき記憶力を発揮する。空から近づいてくる爆撃機。暗闇の中で崖にたたきつけられる荒波。暗い夜道をゆっくりと進んでいくちょうちんの頼りない灯り。

そのどれにも立ち会っていないのに、私はいまでもそれらの映像を鮮明に脳裏に描くことができる。話の一つ一つのどこまでが事実でどこからが脚色なのかはわからない。多分、そんなことはたいして重要ではない。何十年も色褪せない記憶を持っていること、それがきっと、人間が生きていく上で大きな支えになっているのだろう。

一方私はといえば、昔話をしてくれた当時の彼らより短い人生しかまだ生きていないにもかかわらず、②昔をあまり鮮明に思い出すことができない。写真や手紙など、過去を証明する証拠はたくさんある。しかし記憶の鮮明さは彼らとは比べものにならない。

映像の記録が残れば残るほど、証拠に甘えて、人は記憶する努力を怠る。私も含め、そういう人たちが老いた時、どんな過去の映像を思い出すのだろう？どんな昔話をするのだろう？

私たちは人類史上初めて、昔話をできない③新種の人間になりつつあるのかもしれない。

(注1)茶化す：冗談を言う
(注2)はぐれる：同行の者を見失う
(注3)ちょうちん(提灯)：照明具の一つ

59 友人が①「急に神妙な面持ちになった」とあるが、それはどうしてか。

1 実は小学生の娘のビデオ撮影にとても熱心なお父さんだから
2 自分が子どもだった時代は写真が少なく、とても辛い思いをしたから
3 今の時代は映像がたくさんあるけど、楽しい記憶はなかなかないから
4 今の子どもたちの記憶はほとんど映像のままで、それを心配しているから

60 筆者が小さい時に聞いた昔話について、正しいのはどれか。

1 話のどこからどこまでが本当なのかわからないが、全部いい思い出だった。
2 人の記憶によって再生されるので、昔話をすることで記憶力が鍛えられる。
3 昔話の映像が話す人の頭には残っているが、聞く人には伝わらない。
4 時間が経つにつれて記憶が薄れていくので、昔話は信用できない。

61 ②「昔をあまり鮮明に思い出すことができない」とあるが、それはどうしてか。

1 まだ短い人生しか生きていないので、楽しい記憶が少ないから
2 映像の記録で過去が再生できるので、覚えようとしなかったから
3 昔の人たちに比べ、写真や手紙などの証拠が多く、記憶はすぐ色褪せるから
4 写真や手紙などは事実で、記憶はその場に立ち会っていない場合が多いから

62 筆者が考えている③「新種の人間」とは、どういう人のことか。

1 写真や手紙などの記録をたくさん持っている幸せな人たち
2 映像の記録に頼りすぎて、鮮明な記憶を持っていない人たち
3 過去の記録をたくさん持ち、それらの映像を鮮明に覚えている人たち
4 人類の歴史の中で変わらない過去を鮮明に覚えている人たち

問題11　次のAとBの記事を読んで、後の問いに対する答えとして最もよいものを、1·2·3·4から一つ選びなさい。

A

カリブ海の島国ハイチを直下型の大地震が襲い、犠牲者は20万人に上るとの見方もある惨事となった。倒れた建物に生き埋めになった犠牲者。懸命に救出を試みる住民たち…。こうした光景は、15年前に起きた阪神大震災を想起させる。

阪神大震災では約10万棟の家屋が全壊、亡くなった約6400人の約8割は住宅などの倒壊が原因とされる。

大震災を教訓に住宅や公共施設の耐震化は進んだが、まだ不十分だ。住宅の耐震化率は昨年4月現在で79%。全国で約1千万戸は耐震性がないか、耐震診断がなされていない。

国と自治体が補強工事を補助する制度があるものの、制度を持つ市町村はおよそ半数だ。地域によっては自治体も住民も危機意識が薄い。

日本は世界の大地震の2割が集中する。事前に警報を確実に出せるほど地震の科学は成熟していない。いつ、どこを震災が襲ってもふしぎはないことを改めて肝に銘じよう。

B

被災地では悲しい記憶が今も消えない。阪神·淡路大震災から、17日で15年になる。

震災の教訓は、まだ十分に生かされていない。命を守る体制が整ってきたとは言い難い。犠牲者の死因の8割以上は、住宅の倒壊や家具の転倒による窒息死·圧死だった。大半は建物の耐震性の低さに起因している。

政府は、2015年までに住宅の耐震化率90%を目指すが、約75%にとどまっている。改修のペースを2～3倍に上げなければ、目標を達成できない。

東海、東南海、南海、首都圏直下など巨大地震はいつ起きてもおかしくない。政府は、緊張感をもって対策に取り組んでほしい。

折もおり、カリブ海の最貧国ハイチで大地震が発生した。

日本政府は、国際緊急援助隊の医療チームを派遣したが、阪神大震災の教訓からも、迅速な対応が肝要だ。効果的な支援に努めてもらいたい。

63　AとBのどちらの記事にも触れられている内容はどれか。

1　ハイチで起きた大災害の状況

2　耐震化を補助する国の制度

3　阪神大震災の被害の原因
4　日本政府の迅速な支援

64　AとBの記事に共通して言っていることは何か。
1　災害に備えて住民を守る体制を強化すべきだ。
2　目標としている住宅の耐震化率に達することは大変難しい。
3　日本は巨大地震が多発するので、政府は地震の予報科学に力を入れるべきだ。
4　阪神大震災の教訓を生かして、政府に効果的な国際支援を行うことを期待する。

65　建物の耐震性について述べたことについて、正しいのはどれか。
1　阪神大震災では住宅の耐震化率が約7割だったため、多くの犠牲者が出た。
2　日本では阪神大震災後、補助制度のおかげで住宅の耐震化率が大幅にアップした。
3　政府は耐震化率の目標の達成に向けて一刻も早く対策を講じるべきだ。
4　ハイチを襲った直下型の大地震では、犠牲者の8割以上が建物の倒壊などによる死亡だった。

問題12　次の文章を読んで、後の問いに対する答えとして最もよいものを、1·2·3·4から一つ選びなさい。

原日本人の境界認識として、ウチ·ソト認識の外側にヨソという世界がある。ウチ＝自分中心の仲間、ソト＝その外側の関係ある世界、ヨソ＝無関係で無視できる世界、というわけである。昔の人はウチのものには親しみのあるくだけた言葉を使い、ソトのものには敬語を使い、ヨソのものは「ヨソ者」だからコミュニケーションせずに無視した。同じ電車に乗り合わせた乗客は何も問題が起こらなければ物体として無視できるヨソであるが、話をしたり文句を言ったりするような関係が生じた時点でソトのものになる。

いまの日本人の礼儀語不足は、ウチ·ソト·ヨソ認識に狂いが生じたことが原因と考えられる、ヨソのものがソトのものになっているのに、態度や言葉は依然としてヨソ扱いのままなのである。①それが言うべき言葉を言えない理由である。大学の教師が授業中の学生の私語に業をにやしているが、いまの学生にとって、目の前にいる教師は自分と関係のあるソトの人間ではなく、自分と無関係で無視できるヨソの人間なのである。だから、電車の中で友人としゃべるのとまったく同様に、授業中声をひそめるでなく友人と会話ができる。

日本人は、有史以来上下関係の中で生きてきた。その中で、上位者には敬語を使い、下位者には使わないという原則の中でコミュニケーションを行い、うまく人間関係を構築してきた。現代の日本人は平等意識が非常に高いので、ある程度付き合って親しくなると、上下関係が自動的に消滅し、ついでに敬語も敬意もなくなってしまうことが往々にしてある。逆に、相手を上位者として扱うということは、自分から遠ざけることであるから、親しい相手にはかえって水くさいと受け取られたりする。

これから日本人が平等社会の中で良好な人間関係を構築していくには、礼儀語の充実が不可欠である。乱暴なののしりは気心の知れたウチの人間関係の中でしか許されない。ところが、②自分が不安なあまり、まわりの人をすべて自分の味方(ウチ)に取り込もうとしてウチの人間関係を拡大した結果、相手との距離が失われ、互いの攻撃が直接心身に及ぶようになってしまった。それが殺伐(さつばつ)とした社会の背景にあると思われる。

良好な人間関係はいかに多くのソトの人を持つかにかかっている。気心の知れた友人が少数しかいないのは当たり前であって、単純に友人の多い少ないで人間関係のよしあしをはかることなどできはしない。だから、良好な人間関係を構築するには、まず自分の不安を克服すること、まわりを味方で固めなくてもだいじょうぶなだけの確固たる自我を確立することである。そうすれば、少数のウチ以外の人は大切なソトの人間として丁重(ていちょう)に扱わなければならないという気持ちになるだろう。

われわれが満員電車の中で、

「すみません、その傘、向こうへやっていただけませんか。」(濡れた傘がさわった。)

「もう少し小さな声で控えめに話していただけませんか。」(声がうるさい。)

と何の抵抗もなく言えるようになってはじめて、知らない人と良好な人間関係を築いたといえるのではなかろうか。そういう社会をこそ、われわれは志向すべきなのである。

66 よそ者について、正しいのはどれか。

1　今まで会ったことのない人
2　話をしたり文句を言ったりする相手
3　自分とかかわりがなく、無視できる人
4　会うと敬語を使わなければならない目上の人

67 ①「それ」は何か。

1　仲間意識　　　2　礼儀語不足
3　態度や言葉　　　4　ウチ・ソト・ヨソ認識の狂い

68 ②「自分が不安なあまり」とあるが、筆者はどうすることが不安を解消することになると考えているか。

1　より多くのソトの人を持つべきだ。
2　上位者には必ず敬語を使うべきだ。

3　芯の強い自分自身を作るべきだ。

4　良好な人間関係を築くべきだ。

69　この文章で筆者が言いたいことは何か。

1　良好な人間関係を築くためには、ウチ以外の人はソトの人間として大事にしながらも言うべきことを抵抗なく言うことが大事だ。

2　いまの平等社会の中でのウチ・ソト・ヨソ認識を改め、上位者にはきちんとした敬語を使うことが良好な人間関係を築くことにつながる。

3　良好な人間関係を築くためには、多くのソトの人を持つことで自分の不安を解消し、ソトの人間を丁重に扱わなければならない。

4　上下関係の原則にしたがってコミュニケーションを行い、相手と距離を保ちながら良好な人間関係を構築すべきである。

問題13　次は大型テレビの広告である。ここに書かれた情報を読んで、下の問いの答えとして最もよいものを、1・2・3・4から一つ選びなさい。

70　古いテレビを持っているAさんが一番安く買えるメーカーはどれか。

1　西沢電機　　2　TOMORROW

3　スター電機　　4　NOSHIBA

71　音質のよさを重視するBさんは、この広告のどのメーカーのものに関心を持つと考えられるか。

1　西沢電機　　2　TOMORROW

3　スター電機　　4　NOSHIBA

メーカー　西沢電機　40型テレビ

◇画面：ハイビジョンテレビ
◇特典：①下取り対応　古いテレビを20,000円で下取りします。
　　　②ブルーレイディスクレコーダー
　　　③オーディオラック

価格：309,800円

メーカー　TOMORROW　46型テレビ

◇画面：ハイビジョンテレビ
◇特典：①下取り対応　古いテレビを60,000円で下取りします。
　　　②マルチタイプ・ブルーレイディスクレコーダー
　　　③オーディオラック

価格：339,800円

メーカー　スター電機　46型テレビ

◇画面：ハイビジョンテレビ
◇特典：①下取り対応　古いテレビを70,000円で下取りします。
　　　②ブルーレイディスクレコーダー
　　　③オーディオラック

価格：369,800円

メーカー　NOSHIBA　40型テレビ

◇画面：ハイビジョンテレビ
◇特典：①下取り対応　なし。
　　　②ハイビジョン・ブルーレイディスクレコーダー
　　　③オーディオラック（高級スピーカー内蔵）

価格：298,800円

模擬テスト

第1回

聴　解

（55分）

問題1

問題1では、まず質問を聞いてください。それから話を聞いて、問題用紙の1から4の中から、最もよいものを一つ選んでください。

1番

1　机(つくえ)を借(か)りに行(い)く
2　余(あま)っている椅子(いす)を返(かえ)しに行(い)く
3　学食(がくしょく)に行(い)って料理(りょうり)が出来上(できあ)がる時間(じかん)を確認(かくにん)する
4　飲(の)み物(もの)を買(か)いに行(い)く

2番

1　本(ほん)や服(ふく)を箱(はこ)に入(い)れる
2　部屋(へや)を掃除(そうじ)する
3　食器(しょっき)を一(ひと)つずつ包(つつ)み直(なお)す
4　大家(おおや)さんに挨拶(あいさつ)に行(い)く

3番

1　カウンターで待(ま)つ
2　用紙(ようし)に記入(きにゅう)する
3　本店(ほんてん)に問(と)い合(あ)わせる
4　代金(だいきん)を払(はら)う

4番

1　会議(かいぎ)に出(で)る
2　報告書(ほうこくしょ)をまとめる
3　取引先(とりひきさき)へ行(い)く
4　電話(でんわ)をかける

5番

1	1	2	3	4	5	0
2	5	2	3	4	1	0
3	1	3	5	7	9	0
4	9	3	5	7	1	0

問題2

問題2では、まず質問を聞いてください。そのあと、問題用紙の選択肢を読んでください。読む時間があります。それから話を聞いて、問題用紙の1から4の中から、最もよいものを一つ選んでください。

1番

1　パン
2　お米(こめ)
3　ミネラルウォーター
4　バナナ

2番

1 12,400円　　2 15,600円　　3 24,000円　　4 28,000円

3番

1 自転車置き場がないこと
2 歩く人の邪魔になること
3 子供がけがをすること
4 地震の時、道を塞ぐこと

4番

1 毎週水曜日
2 第一水曜日
3 第二水曜日
4 第三水曜日

5番

1 信号無視
2 ブレーキの故障
3 飲酒運転
4 速度が速かったこと

6番

1 中がいくつにも分かれているから
2 布でできていてかばん自体が軽いから
3 持つところがしっかり付けてあるから
4 色が好きだから

問題3

問題3では、問題用紙に何も印刷されていません。この問題は全体としてどんな内容かを聞く問題です。話の前に質問はありません。まず話を聞いてください。それから、質問と選択肢を聞いて、1から4の中から、最もよいものを一つ選んでください。

—メモ—

問題4

問題4では、問題用紙に何も印刷されていません。まず、文を聞いてください。それから、それに対する返事を聞いて、1から3の中から、最もよいものを一つ選んでください。

—メモ—

問題5

問題5では長めの話を聞きます。この問題には練習はありません。

メモをとってもかまいません。

1番

問題用紙に何も印刷されていません。まず、話を聞いてください。それから、質問と選択肢を聞いて、1から4の中から、最もよいものを一つ選んでください。

—メモ—

2番

まず話を聞いてください。それから、二つの質問を聞いて、それぞれ問題用紙の1から4の中から、最もよいものを一つ選んでください。

質問1

1 『英語(えいご)リスニング・トレーニング』
2 『覚(おぼ)えて使(つか)う英語例文(えいごれいぶん)900』
3 『パワフル英会話(えいかいわ)』
4 『スタンダード英語読本(えいごどくほん)』

質問2

1 『英語(えいご)リスニング・トレーニング』
2 『覚(おぼ)えて使(つか)う英語例文(えいごれいぶん)900』
3 『パワフル英会話(えいかいわ)』
4 『スタンダード英語読本(えいごどくほん)』

模擬テスト

第２回

言語知識（文字・語彙・文法）・読解

（110分）

言語知識(文字・語彙)

問題1　＿＿＿＿の言葉の読み方として最もよいものを、1・2・3・4から一つ選びなさい。

1　日本語を自由に操る彼女が羨ましい。

1　あやまる　　2　そなわる　　3　つとめる　　4　あやつる

2　退院後も心臓発作が起きる恐れがある。

1　はつさく　　2　ほっさ　　3　はっさ　　4　はっさく

3　猫の額のような狭い土地だ。

1　ひたい　　2　あご　　3　まゆげ　　4　がく

4　夜更かしは体に障る。

1　さぐる　　2　くばる　　3　やぶる　　4　さわる

5　挫折だらけの人生を歩んできた。

1　ゆるんで　　2　のぞんで　　3　あゆんで　　4　かさんで

6　会社創立50周年にあたり、記念の催しを行う。

1　もよおし　　2　きざし　　3　くちばし　　4　あかし

問題2　(　　　　)に入れるのに最もよいものを、1・2・3・4から一つ選びなさい。

7　定期的に機械設備の(　　　　)を行う。

1　点検　　2　診察　　3　検診　　4　診断

8　彼は仕事のストレスで、アルコール(　　　　)症になってしまった。

1　依頼　　2　感染　　3　依存　　4　中毒

9　面接のときは控えめ且つ清潔な装いを(　　　　)ことが大事だ。

1　うけたまわる　　2　いつくしむ　　3　さかのぼる　　4　こころがける

10　木曜の部内会議は全員参加が(　　　　)。

1　たのもしい　　2　のぞましい　　3　たくましい　　4　むなしい

11　そんな(　　　　)に合わない説明では理解できるわけがない。

1　理性　　2　普通　　3　理屈　　4　納得

12 (　　　　)休みの申請をしたほうが周囲に迷惑がかからない。

1 かつて　　2 まえもって　　3 あえて　　4 しいて

13 この手紙を最後に、紀子からの連絡は完全に(　　　　)絶えた。

1 途　　2 通　　3 音　　4 源

問題3 ＿＿＿＿の言葉に意味が最も近いものを、1·2·3·4から一つ選びなさい。

14 職務をおこたる不適切な行為は一切禁じられる。

1 疎かにする　　2 異にする　　3 苦にする　　4 気にする

15 この動物は近づくとすばしこく逃げるので、撮影が難しい。

1 頻繁に　　2 得意に　　3 敏捷に　　4 素直に

16 落ち着こうとすればするほど、不安がつのる。

1 つよくなる　　2 小さくなる　　3 なくなる　　4 出なくなる

17 彼の想像力はきわめてひんじゃくだった。

1 豊富だった　　2 よわかった

3 おもしろかった　　4 かしこかった

18 初対面からなれなれしい態度の人は好きになれない。

1 厳しすぎる　　2 卑しすぎる　　3 甘すぎる　　4 親しすぎる

19 言葉の遊びでしなやかな発想を育てる。

1 奇抜　　2 柔軟　　3 自由　　4 新奇

問題4 次の言葉の使い方として最もよいものを、1·2·3·4から一つ選びなさい。

20 横断

1 玉ねぎを横断するときは涙が出る。
2 行きたくないなら横断してもいいよ。
3 店員の横断な態度に腹が立った。
4 赤信号を無視して道路を横断する。

21 盛り上げる

1 企画書を完璧に盛り上げて部長に提出した。
2 彼の活躍は大会を大いに盛り上げた。

3 資金不足で、プロジェクトは盛り上げ状態になった。

4 田村君は皆に盛り上げられて喜んでいる。

22 手順

1 インストールの説明に従って、次の手順に進んでください。

2 お手順をおかけしますが、もう一度メールをいただけませんか。

3 母は冷蔵庫の余りもので手順よく夕飯を作った。

4 銀行口座を解約する手順は簡単になった。

23 適宜

1 彼女は優しいので、看護婦の仕事に適宜だ。

2 暑いので適宜休みをとりながら農作業をやっている。

3 こういう土壌はお米の栽培に適宜している。

4 この適宜した上着は姉からのプレゼントだ。

24 ちやほや

1 旅館のベランダからちやほやと遠くの山を眺める。

2 ちやほやな態度が人を不愉快にさせる。

3 周りにちやほやされてわがままになっている。

4 毎月光熱費だけでもちやほやお金がかかる。

25 ジャンル

1 偽物か本物かのジャンルがつきにくい。

2 本棚の書籍はジャンル別に分けられてある。

3 大学のジャンルを選ぶことはとても重要だ。

4 病院で胸部のジャンル写真をとった。

言語知識（文法）

問題5　次の文の（　　　　）に入れるのに最もよいものを、1・2・3・4から一つ選びなさい。

模擬テスト第2回

26　昨日、一日中部屋にこもってレポートを書いて（　　　　）締め切りに間に合いそうだ。

1　どうやら　　2　どうか　　3　どうしても　　4　どうやって

27　舗装工事は基本的に外仕事なので、夏の暑い日もあれば、雪や雨の日もあって大変だが、苦労した（　　　　）、完成した時の喜びも大きい。

1　分だけ　　2　のなんのと　　3　のみならず　　4　ほどでもなく

28　自分のミスで失敗した場合（　　　　）、何も悪いことをしていないのに責められるのはおかしいと思う。

1　とまではいかないが　　2　ならまだしも
3　をいいことに　　4　いかんによらず

29　上司に指摘される（　　　　）はじめて間違った敬語を使っていたことに気づいた。

1　のをおいて　　2　に至るまで
3　のをしりめに　　4　に至って

30　海外のユーザーが多い（　　　　）、このアプリは多言語に対応している。

1　のとひきかえに　　2　というふうに
3　こともあって　　4　にしたって

31　けがの連続で苦しんだ彼が、世界選手権で優勝したときの喜びよう（　　　　）。

1　といってなかった　　2　といえばなかった
3　といったらなかった　　4　というしかなかった

32　両親の期待（　　　　）、彼は大手商社の内定を辞退して文房具メーカーに就職した。

1　を限りに　　2　を前に　　3　をよそに　　4　を機に

33　この国の労働人口率は、2010年頃をピークに下降し、2050年頃には50％まで下がる（　　　　）。

1　次第だ　　2　至りだ　　3　限りだ　　4　見込みだ

34　その本は図書館でも読めるので、わざわざ高いお金を出して（　　　　）。

1　買わないところだ　　2　買うまでもない

3　買うどころではない　　4　買うまでだ

35　私は小さい頃からバスに乗るのが好きだ。小学生の時は、将来バスの車掌さんに（　　　　）。

1　なってほしがったところだ　　2　なってほしがったものだ

3　なりたがったところだ　　4　なりたがったものだ

問題6　次の文の＿★＿に入る最もよいものを、1・2・3・4から一つ選びなさい。

36　このメロディーを聞く　＿＿　＿＿　＿★＿　＿＿。

1　よみがえる　　2　思い出が　　3　子どもの頃の　　4　につけ

37　旅先で見た　＿＿　＿＿　＿★＿　＿＿　だった。

1　光景　　2　ほど美しい　　3　日の出は　　4　言いようがない

38　今日は年に一度の　＿＿　＿＿　＿★＿　＿＿　客でいっぱいになった。

1　開店　　2　セールの日　　3　とあって　　4　と同時に

39　健康診断を定期的に　＿＿　＿＿　＿★＿　＿＿、ガンだと診断されたときはすでに末期だった。

1　よかった　　2　おけば　　3　受けて　　4　ものを

40　この問題を　＿＿　＿＿　＿★＿　＿＿　取り戻せないだろう。

1　信頼は　　2　解決しない　　3　根本から　　4　かぎり

問題7　次の文章の読んで、［41］から［45］の中に入る最もよいものを、1・2・3・4から一つ選びなさい。

以下は、作家が書いた文章である。

極限環境に生える植物を研究している私は、砂漠のような乾燥地や高山などを訪ねて野外調査を行っている。木は［41］草さえ生えない砂漠は別として、スズメの涙ほどにしか草がない乾燥地の草原でも、野生動物を結構目にすることができる。このようなところでは、草食性の動物はまばらに生えた草を求めて、長い距離を移動して暮らしている。草食性の動物とはいえ、どんな植物でも[42]。食べる植物の範囲は動物の種によって多少異なるものの、有毒植物は当然のこととして、まず苦味成分を含む植物が嫌われているのである。

有毒植物を食べないのはだれでも予想できるが、苦味成分を嫌うことは[43]。カラシやワサビほど刺激的ではないにしろ、ダイコンやカラシ菜、春菊やレタスなど、人間は苦味のある植物が結構好きだから、野生動物もこうした植物を食べるものと思いがちである。

アジアの中央部には広大な草原地帯が広がる。野生動物も多いが、そこには多くの家畜が飼われ放牧が行われている。家畜の頭数が増えて、必要となる餌の量が食べられる植物の量より上回ると、草原は過食のために、もはや放牧には使い物にならない状態になってしまう。実際しばしばそうした草原に出会うが、そこに多量に生えているのは、決まってヨモギの仲間のような苦味のとても強い、キク科やシソ科などの植物だ。ほとんどの草食性の動物は[44]のである。

野外での私の植物調査の大半は、ヒマラヤの高山で行ったものである。長いときは一ヶ月以上も海抜4千メートルを超える高山で暮らした。東部ヒマラヤの大きな山塊では、見た目にはほとんど変化のないお花畑が、二日、三日と歩いてもとぎれる[45]続くことがある。島国の日本では、想像することさえ難しいスケールの大きさである。

41　1　まだしも　　2　おろか　　3　どころか　　4　ごとき

42　1　決して食べないわけではない　　2　決して食べないわけにもいかない
　　3　食べるわけには決していかない　　4　食べるわけでは決してない

43　1　意外に知られていない　　2　だれもが知っている
　　3　だれも知らないだろう　　4　当たり前だろう

44　1　こうした草が好きな　　2　どんな草でも食べられる
　　3　こうした草を食べない　　4　草を食べないようになった

45　1　ことなく　　2　わけなく　　3　べくもなく　　4　はずもなく

読　解

問題8　次の文章を読んで、後の問いに対する答えとして最もよいものを、1・2・3・4から一つ選びなさい。

（1）

衝突することを恐れていたのでは、他人と親しくなることができない。人間はお互いにかなり親しくなっても、お互いを完全に理解できるものではない。理解しているつもりでも誤解していることはあろう。そして、衝突することを恐れていると、その誤解がとけないまま関係が維持されることになる。相手のやることで何か不愉快なことがあった時、もし本気で親しくなろうとすれば、それをはっきりという方がいいだろう。相手は不愉快だといわれてはじめて、なぜ自分はそれをしたか、ということが説明できる。

46　筆者がここで最も言いたいことは何か。

1　お互いの誤解を避けるために、距離をおいてつきあった方がいい。
2　相手の人と親しくなるにはもっと相手のことを理解しようと努力するべきだ。
3　お互いの意見が違っていても素直に打ち明けることでよい関係が築ける。
4　相手のやることで不愉快に感じていても、はっきり言わない方がいい。

（2）

人間の潜在力をONにするには、プラス発想や積極思考など前向きの精神状態や心の持ち方が大きく作用しているといいます。思いの力が私たちの可能性をおおいに広げてくれるということが、遺伝子レベルで解明されはじめているわけです。

ちなみに、どれくらいのことが人間に可能なのか。人間の頭で、これをしたい、こうあってほしいと考えられるようなことは、遺伝子レベルでみれば、たいてい可能な範囲にあるそうです。つまり、「思ったことはかなえられる」能力が、私たちの中には潜在しているのです。

47　潜在力について、正しいのはどれか。

1　思ったとおりに物事を成し遂げる能力である。
2　前向きの精神状態さえあれば、潜在力が伸びる。
3　遺伝子研究がどこまで発展できるか解明してくれる。
4　潜在力が人間のやりたいことを可能な範囲におさめてくれる。

(3)

人生は短く、しかも一回限りである。ある人生を生きるということは、他の可能な生き方をすべて断念するということに他ならない。数学と音楽が好きな少年が数学者の道を歩き出す時、彼は音楽家になれば果たせたかもしれないすべての夢を失う。その悲しみは、たとえ彼が数学者としてどんなに輝かしい業績をあげたとしても決して癒されることはないであろう。人が若い時をなつかしく感じるのは、失われた(　　　　)をいとおしく思うからなのではないだろうか。

48 文の(　　　　)に入る最も適当なものはどれか。

1　悲しみ　　2　成功　　3　可能性　　4　青春

(4)

人生というものには、いろいろな問題があります。しかし、それらのことも過ぎ去ってみると、あのときに迷わないでやってほんとうによかったな、というような場合が多いのです。そこが大事なところだと思います。ある場合には迷うこともあるでしょう。しかし、しょせん迷ってもお互い自分の知恵裁量というものは、ほんとうは小さいものです。だから、「これはもう仕方がない。ここまでできたのだからこれ以上進んで結果がうまくいかなくても、それは運命だ」と度胸を決めてしまう。そうした場合には、案外、困難だと思っていたことがスムーズにいって、むしろ非常によい結果を生む、ということにもなるのではないかと思うのです。

49 筆者がここで最も言いたいことは何か。

1　うまくいかない場合はひとりで迷うより、みんなの知恵を借りたほうがいい。
2　人生においてしかたないとあきらめることもいい結果をもたらす場合がある。
3　人生は心の持ちようで意外にうまくいく場合もある。
4　難しい問題に遭っても迷わず実践することが大事だ。

問題9　次の文章を読んで、後の問いに対する答えとして最もよいものを、1･2･3･4から一つ選びなさい。

(1)

いまの男性の主張はまだ自己表現とは思わない。やっと「表現とは」というスタートラインに立ったところではないか。

表現はコミュニケーションを目的とする。表現が求められるようになった最大の背景は、日本という共同体や家族的な社会という共同体が崩壊したことだろう。年功序列や終身雇用が大前提という共通の文化があれば意思疎通は簡単で、その規範に従っていれば目立つ必要もなかった。

だが(　①　)が失われたいま、あらゆる人間関係で高度なコミュニケーション能力が求められる。演劇でも、文化の異なる人が集まる欧州でも、意思疎通を目的とするワークショップが盛んだ。共通の文化がないなかで、「いいことは黙っていても伝わる」と考えるのは、②残念ながら思い込みでしかない。

メッセージをより効果的に伝える手段として、政治家や大企業の社長に発声や魅力的な笑い方などを指導する演出家がつくことは、欧米でもよくある。内容は重視するのに表現のための方法論は非常に軽視してきた日本とは、大きく異なる。

しかし、内容は同じでも間(ま)の取り方や声の高さ、大きさなどで、うまい人と下手な人の差は明らか。落語がいい例だ。聞くほうも、内容より話し方や振る舞いといった方法論に説得されることがある。手法の重要性にやっと目が向き始めたということだろう。

50　本文の(　①　)に入る最も適当なものはどれか。

1　自己表現　　2　意思疎通　　3　共通認識　　4　自国文化

51　②「残念ながら思い込みでしかない」とあるが、どういう意味か。

1　残念なことだが、単なる思い込みである。
2　残念だと思う必要はまったくない。
3　残念なことだが、誰もそう思わない。
4　残念だと思わなくもない。

52　筆者の考えに一番近いものはどれか。

1　コミュニケーションの能力はどんな時代においても大事にされている。
2　日本は自己表現において、もっと方法論を重視すべきだ。
3　日本社会は共同体が続いているため、意思疎通に大きな問題はない。
4　表現の内容が同じなら、話し方や振る舞いなどで影響されることはない。

(2)

人間には四種類ある。過去の思い出に生きる人、未来に生きる人、現在に生きる人、その他だ。

わたしは「あのときこう言い返せばよかった」とよく後悔するから過去に生きているのかとも思うが、過去の思い出にひたることはないし、「思い出づくり」にも興味がない。過去の栄光も意識に上らない(過去の栄光がないかもしれない)。第一、過去に目を向けることがない。人に自慢しようとして、自慢できるところが現在の自分に見当たらず、過去の中に無理やり探すときぐらいだ。むろん、つらい出来事はずっと尾を引く。先日、失意の底に沈んだときは、立て直るのに二日かかった。たぶん過去のことは二日経つと他人事に思えるのだ。(中略)

未来はどうか。わたしはよく、流暢に話せないのではないかなどと未来に不安を抱くし、食事でも、好きな物が最後に残るよう計画的に食べるから、未来に生きていそうだが、そうとも思えない。たとえば、未来のために健康診断を受けたほうがいいと思うが、検査は極力避けている。仕事も、今日できることを一日延ばしにして、結局、約束が守れず謝罪する。計画は立てるが、計画性がないのだ。①万事、行き当たりばったりだ。

学生時代、進路を哲学に変えたときもそうだった。当時は就職難で、大学院に行くと就職はまず無理だったが、決断には何の迷いもなかった。親から、哲学に進むなら仕送りをやめると脅されても、生活のあてもないまま、まったく動じなかった。わたしが楽天的だからではない。たんに先のことが他人事としか思えないのだ。(中略)

自分の未来は一日で十分だ。わたしは人生が何百年もあればいいのにと願っているが、人生のうち、(　②　)人生だと思っているのは今日一日と過去二日と未来一日の合計四日間だけだ。

53　過去の思い出について、筆者の考えに合うのはどれか。

1　過去の栄光があっても、人に自慢しないほうがいい。
2　栄光であれ後悔であれ、過去の思い出にひたることはない。
3　誰もがつらい思い出があるので、表に出さないほうがいい。
4　過去の思い出は未来に生かされるので、大切にしたほうがいい。

54　①「万事、行き当たりばったりだ」とは、どういう意味か。

1　人生において後悔することはあっても、過去に目を向けることはない。
2　人生においていろいろなことは他人事だと考え、楽観的に行動する。
3　人生において先のことを深く考えずに状況に応じて適当に処理する。
4　人生において周りに反対されても、自分の決断を信じて信念を曲げない。

55　(　②　)に入る最も適切な言葉はどれか。

1　後悔のない　　2　充実した　　3　自分の　　4　幸せな

(3)

妻の掃除と整理の仕方、これはもう極端に偏執的である。たとえば自分の好きなところはピカピカ光るほど磨き上げるが、興味のないところは何年もほこりが積み放しになっている。家の中のある部分は神経質なくらい整然と物が並び、だれかが彼女の留守にほんの一ミリほど品物を動かしてもすぐに気づいてしまう。そのかわり、いつも手のつけようもないほどむちゃくちゃにものが突っ込んであるところが家の中に一、二ヶ所は必ずある。

妻のもののしまい方は普通の世間並みとは大分違う。普通の人なら大概たんすにしまう品が食器棚に入っていたり、流しの棚にあるはずのものが冷蔵庫にしまってあったりする。探す以上一応我々の常識と因襲(注)を全部脱ぎ棄てて、①白紙にかえって探さねばならぬが、そんなことは容易にできることではない。次に、彼女の物の置き方、並べ方はことごとく彼女の抱いている美の法則によって支配されているので、実用上の便宜というものは（　②　）。どんな不便を忍んでも彼女は自分の美を守り通そうとする。③ときに私が抗議を申し込んでみてもとうていむだである。

(注)因襲：古い習慣

56　①「白紙にかえって探さねばならぬ」とあるが、どういう意味か。

1　新しい紙に書きながら探すこと

2　妻の考え方にそって探すこと

3　常識的な考えは捨てて探すこと

4　探すのは無理だと思いながら探すこと

57　（　②　）に入る最も適切なものを一つ選びなさい。

1　一切無視される　　　2　一番大事にされる

3　多少は考慮する　　　4　必要不可欠である

58　③「ときに私が抗議を申し込んでみてもとうていむだである」とあるが、それはどうしてか。

1　彼女は我慢強い人で、家の中のものをすぐ探すことができるから

2　彼女は神経質で、家のどこもきれいにしておかないと気がすまないから

3　彼女は自分の美意識を持っており、それを曲げようとしないから

4　彼女は考え方が普通の人と違うので、家のものは一瞬にして気がつくから

問題10　次の文章を読んで、後の問いに対する答えとして最もよいものを、1・2・3・4から一つ選びなさい。

三匹の猫を飼っている。猫にはとにかく驚かされることばかりだ。こちらの精神状態がよければ彼らは限りなくリラックス(注1)し、外出が続いて忙しくてかまってあげられな

くなったりすると、途端にグレて(注2)わるさをする。いらいらしている時は、わざと私の足を踏んづけて歩いたりもする。押し入れからバックパック(注3)を取り出して旅行の準備をし始めると、不機嫌になって、一晩家出をしたり抗議のハンスト(注4)をしたりする。私の状態や行動に即座に反応を示す。①猫の立場に立って、そこから見える世界を想像してみると、自分が見ている世界のあやふやさがあぶり出されることがある。

ある日、ライオンの子育て番組を見ていた時のことだ。画面にはしまうまを襲ったライオンが肉を食いちぎっているシーンが映し出されていたが、二匹の猫はテレビの前に寝そべり、映像には目もくれず、互いの体を舐めあっていた。

彼らは時としてテレビに敏感に反応する。テレビで生まれたばかりの仔猫の様子を映していた時、出産経験のある「しろ」は、テレビから流れてくる仔猫の鳴き声を聞くやいなや、ひげをぴくぴく動かし「うるるる」と鳴き、テレビの後ろへ仔猫を探しに行った。時々小鳥やねずみを手土産に持ち帰る狩りの名手、「ゆき」は、画面が鳥の群れを映し出した途端、テレビに飛びついて鳥を捕まえようとした。しかしオリンピックの時には斜面を猛スピードで降りてくる滑降の選手に飛びついていたし、サッカーの試合を見ている時は右へ左へ転がるボールを選手と一緒に追いかけていたから、あまり物事を深く考えて行動しているわけではなさそうだ。

そんな彼らが、百獣の王であり、自分と同じ科に属するライオンの声や映像にはまったく反応を示さない。②それが私にはとても奇妙に映った。

彼らは、地上にライオンという動物が存在することを知らないのだ。ライオンも象もパンダも猿も知らない。会ったことがないのだから。自転車と自動車は知っているが、電車や飛行機、船は知らない。まして戦闘機など。世界には海や川や山があることも、そして海の向こうには外国、空の向こうには宇宙が広がっていることも知らない。

でも私は本当にそれを知っているのだろうか。

私がもし「ライオンを知らない」といったら、多くの人がへんな顔をするだろう。いつ、どのように自分がライオンを認識するようになったのか、残念ながら記憶にない。おそらく最初は絵か写真で姿形を見せられ、実際に動物園で本物を見て認識に到達したのだと思う。つまり私は学習して情報を持つがゆえに、「ライオンを知っている」と錯覚してるだけだ。

私はライオンを知らない。③イラクで毎日人が死んでいることも知らない。

知っているのは、目の前で眠る猫たちが愛らしいということだけだ。

(注1)リラックスする：緊張を緩める

(注2)グレる：非行化する

(注3)バックパック：大型の背負袋

(注4)ハンスト：ハンガーストライキの略、絶食を行う示威行為

59 ①「猫の立場に立って、そこから見える世界を想像してみると、自分が見ている世界のあやふやさがあぶり出されることがある」とあるが、筆者が言っている「自分が見ている世界」とは、どういうことか。

1 学習で得た知識などで、体験しなくても知っていると思う世界
2 情報や知識にすぎないことも、知っていると勘違いする世界
3 動物の知能よりはるかに発達した人間特有の想像の世界
4 自分の五感で体験した実感としての世界

60 ②「それが私にはとても奇妙に映った」とあるが、なぜか。

1 彼らがライオンなどの動物を知らないから
2 彼らがテレビでよくライオンなどを見ているから
3 彼らがライオンなどを面白くないと思っているから
4 彼らがライオンなどを危険な動物ではないを思っているから

61 ③「イラクで毎日人が死んでいることも知らない」とあるが、筆者のどんな思いが表れているか。

1 ニュースや映像などの報道は事実と異なるところがあるので、簡単に信じてはいけないという思い
2 人間は現実主義で、国際的なニュースよりも自分の身近で起きる日々の暮らしの中のことがもっと大事だという思い
3 事実は知っていても実際の体験がないわけで、簡単に知っているとはいえないのだという思い
4 人間の目に見える世界は情報で得た知識で成り立つ場合が多く、それを克服するためにはもっと現場での体験を大事にすべきだという思い

62 本文の内容と合っているものはどれか。

1 猫に見える世界＝猫が知らない世界
2 人間に見える世界＝人間が知っている世界
3 猫に見える世界≠猫が知っている世界
4 人間に見える世界≠人間が知っている世界

問題11　次のAとBの記事を読んで、後の問いに対する答えとして最もよいものを、1･2･3･4から一つ選びなさい。

A

2009年に全国の警察に被害届が出された振り込め詐欺は7340件、総額は約95億7900万円で、いずれも前年のほぼ3分の1に減ったことが21日、警察庁のまとめで分かった。被害額は統計を取り始めた04年以降、毎年250億円を超えてきたが、取り締まり強化や金融機関の職員による声かけなど官民の対策の効果が出た形だ。

ただ被害は都道府県ごとに大きなばらつきがあり、首都圏などに集中する傾向が出ている。同庁は粘り強く対策を続けるとしている。

2009年の被害件数は前年より64･2%、被害総額は65･3%減少。総額の半分強を占める「おれおれ詐欺」の被害額も66･5%減った。金融機関の職員らが顧客に声をかけて被害を防いだ事例は1229件に上った。

B

昨年1年間に全国の警察に届けられた振り込め詐欺による被害額は前年比180億1500万円（65･3%）減の95億7900万円で、統計を取り始めた2004年以降、初めて年間被害額が100億円を下回ったことが警察庁のまとめでわかった。

1年間で3分の1まで減少し、同庁は、「取り締まりと官民一体の対策の成果」としている。認知件数は7340件で、前年比で64･2%減。検挙件数は5669件で、検挙率は前年の21･5%から77･2%に大幅に上昇した。

手口別では、息子などをかたる「オレオレ詐欺」が52億2000万円で、前年の155億1900万円から66･5%減少、「税金の還付」などとだまして現金自動預け払い機（ATM）を操作させる「還付金詐欺」は2億4000万円で、前年の47億4400万円から94･9%も減った。

被害額は鹿児島を除く46都道府県で減少したが、都市部では依然として大きく、首都圏の4都県で全国の被害額の47･8%を占めた。同庁は「今後は首都圏を中心に集中的な対策に切り替えたい」としている。

N1全真模拟试题

63 記事Bに比べて、記事Aで言っていないのはどれか。

1 昨年の振り込め詐欺の認知件数
2 昨年の振り込め詐欺の被害総額
3 昨年の振り込め詐欺の検挙率
4 昨年のおれおれ詐欺の被害額の減少率

64 記事の内容に合っていないものはどれか。

1 振り込め詐欺が減少したのは取り締まり強化と官民協力の結果だ。
2 昨年は振り込め詐欺の認知件数も検挙件数も減少した。
3 2008年の振り込め詐欺の被害額は250億円を超えていた。
4 振り込め詐欺は首都圏に集中している。

65 2008年のおれおれ詐欺の被害金額はいくらか。

1 180億1500万円　　2 155億1900万円
3 95億7900万円　　4 47億4400万円

問題12 次の文章を読んで、後の問いに対する答えとして最もよいものを、1・2・3・4から一つ選びなさい。

社会は個人から成り立つものとされている。したがって実情はどうあれ、それぞれの個人は社会の構造、運営、将来について責任を持つものとして意識し、行動していることになっている。しかしながら、①このような意識は明治以降に輸入されたものであり、現実の日本人の多くは社会を構成する個人としてよりも世間の中にいる一人の人間として行動している部分の方が多いのである。

世間と個人の関係について注目すべきことは個人は自分が世間をつくるのだという意識を全く持っていない点にある。自己は世間に対してたいていの場合受け身の立場に立っているのである。個人の行動を最終的に判定し、裁くのは世間だと見なされているからである。世間という言葉が定義しにくいのは常に個人との関係において、その個人の顔見知りの人間関係の中で生まれているものだからであり、人によって世間が広い人も狭い人もいるからである。身内以外にさしたる(注1)世間とのつきあいもなく暮らしている人もいるのであるが、それでも②世間の評判は気にかかるのである。

個人の性格にもよるが、世間の中で暮らすほうが社会の中で暮らすよりも暮らしやすく楽なのである。そこでは長幼の序や先輩、後輩などの礼儀さえ心得ていればすべては習慣どおりに進み、得体（えたい）のしれない(注2)相手とともに行動するときの不安などはないからである。さらに世間のなかでの個人の位置は長幼の序や先輩、後輩などの序列で一応決まっており、能力によってその位置が大きく変わることはあまりない。個人が世間に対して批判したり不満を述べることはあっても世間のルールは習慣そのものであり、なんら成文化されていないから、不満も批判も聞き流されてしまうのである。

日本人の多くは世間の中で暮らしている。にもかかわらず、日本人は少なくとも言葉の上では社会が存在するかのごとくに語り、評論家や学者は現実には世間によって機能している日本の世界を社会ととらえようとするために滑稽な行き違いがしばしば起こっているのである。このことは政党や大学の学部、企業やそのほかの団体などの人間関係のすべてについていえることであり、③それらは皆そこに属する個人にとっては世間として機能している部分が大きいのである。個々人はそれらと自分との関係を深く考えず、自覚しないように暮らしているのである。

しかし、昨今は日本の国際化が国の内外で叫ばれだした。日本が国際社会の中で責任ある一人前の地位を得たいと願うなら、仲間内にだけ通じるような世間原理にいつまでも頼っていてはならない。なぜなら、国際社会は顔見知りばかりではないからだ。考え方や価値観の異なる人たちとどう共存するかを、真剣に考えなくてはいけない。

（注1）さしたる：これというほどの、さほどの
（注2）得体（えたい）がしれない：誰かわからない

66 ①「このような意識」とは、どんな意識か。

1 社会は一つ一つの集団から成り立つという意識
2 自分が世間を作って、社会を構成しているという意識
3 世間の中にいる一人の人間として行動しようとする意識
4 世間が個人の行動を最終的に判定してくれるという意識

67 ②「世間の評判は気にかかるのである」とあるが、それはどうしてか。

1 世間の中で個人は主体性に欠けて受動の姿勢でいるから
2 個人が世間に対して批判や不満を述べることはできないから
3 世間という定義が明確ではなく個人が責任を持って行動しないから
4 世間の中での暮らしは楽なもので自分の位置と秩序を守りたいから

68 ③「それら」は何を指しているか。

1 言葉の上での社会　　2 評論家や学者
3 滑稽な行き違い　　4 人間関係のすべて

69 本文の筆者の考えに最も近いものはどれか。

1 日本には言葉の上では「社会」は存在するが、実際は世間として機能している部分が多く世間原理の維持もやむをえないことだ。
2 日本人は自覚のないまま世間の一人として生きているが、これからは個人の

能力を重視する社会とすべてが習慣通りに楽な世間とのバランスを考えながら行動するべきだ。

3 日本社会は世間として機能する部分が多いが、今後はルールが成文化され個人が責任を持って行動する本当の「社会」に変わらなければならない。

4 日本人は世間で暮らしていることに無自覚であり、国際化の視点から考えれば確かに社会原理は必要だが、赤の他人と暮らす不安や習慣通りにならない暮らしにくさを考慮すると慎重に考えたほうがいい。

問題13 次は、ある市役所のホームページに掲載されている案内である。下の問いに対する答えとして最もよいものを、1·2·3·4から一つ選びなさい。

70 フォンさんは15人の従業員がいる家具製造の工場で働いている。彼は同僚の森田さんと受講料30,000円の短期講座を受講する。フォンさんたちが市役所から受けられる補助は、全部でいくらになるか。

1 15,000円　2 20,000円　3 30,000円　4 40,000円

71 小杉さんは、5月20日から6月30日まで短期講座を受講する。受講料の領収書は5月25日にもらえる。受講料補助の申請はどうしなければならないか。

1 自分で5月25日までに①～③を市役所に提出する。

2 人事課の人に、6月30日までに①～③を市役所に提出してもらう。

3 自分で5月20日までに①を、25日までに②と③を市役所に提出する。

4 人事課の人に、5月19日までに①を、29日までに②と③を市役所に提出してもらう。

研修受講料補助制度

市内の中小企業が、従業員の育成等を目的に研修を受け、修了した事業所に対して、受講料の一部を補助します。

1. 補助内容

・受講料金額の1/3～2/3以内(千円未満切捨て)

・1人あたり上限15,000円

・各研修に対して、1事業所2名以内

	研修種別		補助率
小規模事業者	商業・サービス業:5人以下 商業・サービス業以外:20人以下	長期講座 (100時間以上)	2/3
	商業・サービス業:5人以下 商業・サービス業以外:20人以下	短期講座	1/2
中規模事業者	上記以外の中小事業者	—	1/3

※申請額は1人あたりの補助額を計算してから合計してください。

2. 受付期間

随時受付しています。研修機関への申し込み・支払いを完了後、研修開始前日までに申請を行ってください。研修終了後に申請することはできませんのでご注意ください。

3. 申請書類

①受講料補助申請書(ホームページよりダウンロード)

②受講料の領収書

③講座の内容が書かれた資料(パンフレット等)

※提出締め切りまでに書類をまとめて提出できない場合、①のみ先に提出締め切りまでに提出し、ほかの書類については、10日以内にご提出ください。

※すべての書類を各自の事業所の人事課に提出し、事業所単位で市役所の商工振興課にご提出ください。

4. 補助金の支払い

補助金は、各月の15日までに書類を提出した場合、翌月20日に振り込みます。16日以降に提出した場合は、2か月後の20日となります。

提出・お問い合わせ先
新日県大森市役所商工振興課 産業支援係
〒959-0295　新日県大森市吉田西255番地
電話番号:02-5214-8258

模擬テスト

第２回

聴　解

（55分）

問題1

問題1では、まず質問を聞いてください。それから話を聞いて、問題用紙の1から4の中から、最もよいものを一つ選んでください。

1番

1　飲み物を買いに行く
2　母さんの家にグラスを取りに行く
3　煮物を作る
4　炒め物を作る

2番

1　帽子＋マフラー＋手袋＋望遠鏡
2　マフラー＋手袋＋望遠鏡＋カメラ
3　マフラー＋帽子＋手袋＋カメラ
4　帽子＋手袋＋カメラ＋望遠鏡

3番

1　企画会議の後
2　新入社員の研修会の後
3　山田商事の部長に会ってから
4　昼ご飯を食べた後

4番

1　料理屋
2　観光ガイド
3　日本語教師
4　フリーライター

5番

1　テントを直しに行く
2　男の人にすぐ電話するよう小島さんに連絡する
3　広報部に電話を入れて、資料を取ってきてもらう
4　広報部に電話を入れて、資料を男の人のところまで持っていくように伝える

問題2

問題2では、まず質問を聞いてください。そのあと、問題用紙の選択肢を読んでください。読む時間があります。それから話を聞いて、問題用紙の1から4の中から、最もよいものを一つ選んでください。

1番

1 友達の結婚式に出席するから
2 東京に引っ越しすることになったから
3 友達がいて、遊びに行くから
4 おじいさんの容態が思わしくないから

2番

1 電車がトラブルを起こしたから
2 飛び降り事故があったから
3 大雨で電車が止まったから
4 電車と乗用車がぶつかったから

3番

1 非対称的に作ったほうがセンスがいいから
2 非対称的に作ったほうが視野が広くなるから
3 非対称的に作ったほうが運転しやすいから
4 非対称的に作ったほうがバランスがいいから

4番

1 住宅の建築調査
2 ビル竣工のお知らせ
3 家賃の請求
4 マンションのセールス

5番

1 約束の時間についてなかったから
2 バスに遅れて遅刻したから
3 手帳を見間違えて、会社に遅れたから
4 口実を設けて休もうとしたから

6番

1 テレビを新しく買ったけど、取扱説明書が入っていなかったこと
2 請求書番号が間違っていたこと
3 印刷代がまだ未納になっていること
4 取扱説明書の印刷が遅れたこと

問題3

問題3では、問題用紙に何も印刷されていません。この問題は全体としてどんな内容かを聞く問題です。話の前に質問はありません。まず話を聞いてください。それから、質問と選択肢を聞いて、1から4の中から、最もよいものを一つ選んでください。

—メモ—

問題4

問題4では、問題用紙に何も印刷されていません。まず、文を聞いてください。それから、それに対する返事を聞いて、1から3の中から、最もよいものを一つ選んでください。

—メモ—

問題5

問題5では長めの話を聞きます。この問題には練習はありません。

メモをとってもかまいません。

1番

問題用紙に何も印刷されていません。まず話を聞いてください。それから、質問と選択肢を聞いて、1から4の中から、最もよいものを一つ選んでください。

—メモー

2番

まず話を聞いてください。それから、二つの質問を聞いて、それぞれ問題用紙の1から4の中から、最もよいものを一つ選んでください。

質問1

1 講座1
2 講座2
3 講座3
4 講座4

質問2

1 講座1
2 講座2
3 講座3
4 講座4

模擬テスト

第3回

言語知識（文字・語彙・文法）・読解

（110分）

言語知識(文字・語彙)

問題1 ＿＿＿＿＿の言葉の読み方として最もよいものを、1・2・3・4から一つ選びなさい。

1 大学受験制度の改革を唱える人がいる。

1 うたえる　2 となえる　3 とらえる　4 ふまえる

2 道路の舗装工事で通行止めになっている。

1 ほしょう　2 ほうそう　3 そうしょう　4 ほそう

3 近年、心臓や血管の病気が増えているそうだ。

1 けっかん　2 ちかん　3 ちっかん　4 けつかん

4 父は歯科病院に勤めている。

1 いか　2 はか　3 しか　4 げか

5 西日があたるリビングは一番暑いところだ。

1 せいび　2 にしび　3 せいひ　4 にしひ

6 今年の目標を定めて、達成できるよう頑張る。

1 おさめて　2 ちぢめて　3 ゆがめて　4 さだめて

問題2 （　　　　）に入れるのに最もよいものを、1・2・3・4から一つ選びなさい。

7 朝ご飯もろくに作れない親なんて、(　　　　)だ。

1 失格　2 失脚　3 無駄　4 無知

8 このサイトを利用するには、ユーザー(　　　　)が必要だ。

1 登場　2 記載　3 記録　4 登録

9 この山道は途中から道がなくなり、(　　　　)ことが多い。

1 うつむく　2 まごつく　3 うるおう　4 まぎれる

10 夫は(　　　　)な人で、服を買うのに苦労する。

1 おおはば　2 おおがら　3 つぶら　4 うつろ

11 久しぶりに行った駅前のラーメン屋は席の(　　　　)が変わっていた。

1 設計　2 設置　3 配置　4 分布

12 A大学の大学院は(　　　　)その分野の研究者を育成する機関だ。

1　もっぱら　　2　ずばり　　3　かろうじて　　4　いたって

13 両者の意見の食い違いから合意は次回に(　　　　)送りされた。

1　後　　2　前　　3　下　　4　先

問題3　＿＿＿＿の言葉に意味が最も近いものを、1・2・3・4から一つ選びなさい。

14 コンサート会場にはファンの人々の熱気がこもっている。

1　消えている　　2　高まっている　　3　充満している　　4　冷めている

15 彼は上層部の決定にふふくを唱えた。

1　抗議　　2　賛成　　3　服従　　4　主張

16 顧客をあざむいてお金をもうけることは絶対ない。

1　うらぎって　　2　だまして　　3　くるしませて　　4　きずつけて

17 彼女は病気がちでたびたび学校を休む。

1　おどおど　　2　まるまる　　3　ぼつぼつ　　4　しばしば

18 けいそつな判断をして後悔することがたまにある。

1　冷静でない　　2　慎重でない　　3　的確でない　　4　本気でない

19 アメリカの住宅価格がいちだんと下がっている。

1　さっさと　　2　やっと　　3　さらに　　4　げんに

問題4　次の言葉の使い方として最もよいものを、1・2・3・4から一つ選びなさい。

20 打開

1　新たな海外市場を打開して、マーケットの拡大を図る。
2　ドアを打開すると、知らない人が立っていた。
3　難局を打開しようと、社員一丸となって頑張っている。
4　悩みを人に打開するのは苦手だ。

21 繕う

1　テレビを繕うべきか買い換えるべきか悩んでいる。
2　適当な世間話でその場をうまく繕った。
3　文章の間違いを繕ってください。

4　必要に応じて詳しい説明を繕います。

22　正規

1　正規の手続きを経て、製品を輸入する。

2　A社の春モデルのパソコンが正規に発表された。

3　両国の首脳は正規な会談を行った。

4　地下鉄南北線は正規通り運転を続けている。

23　取り寄せる

1　警察が事故の原因を取り寄せている。

2　国民から取り寄せる税金はその使い道を明らかにするべきだ。

3　先日買ってきたエアコンを電気屋さんに取り寄せてもらった。

4　A社のパンフレットは郵便で取り寄せることができる。

24　ひたすら

1　自分がひたすら間違っていないと思っている。

2　認められるまでひたすら努力を続けてほしい。

3　人はひたすらお金にこだわっている。

4　ひたすら好きな人のそばにいて守ってあげたい。

25　ドライ

1　秋は空気がドライなので肌がカサカサになる。

2　木村さんは同僚との間で金銭ドライが絶えなかったという。

3　彼はドライな性格だから、友達も少ない。

4　日曜日は大学の友達とドライに行く予定だ。

言語知識（文法）

問題5　次の文の（　　　　）に入れるのに最もよいものを、1・2・3・4から一つ選びなさい。

26　食品における「無添加」とは、食品添加物が商品の加工工程で（　　　　）使用されていないということだ。

1　かえって　　2　おそらく　　3　はたして　　4　いっさい

27　作業を始めたら大切なデータを失う（　　　　）、こまめに保存しておきましょう。

1　ことなしに　　2　ことには
3　ことのないよう　　4　ことから

28　大学入試を目前に控えて、ここ2週間（　　　　）、最後の確認で息がつまりそうだ。

1　たりとも　　2　からある　　3　というもの　　4　たるもの

29　このお弁当屋は、味は今一だが、値段が値段（　　　　）、昼休みに買いに来るサラリーマンが多い。

1　だけに　　2　のわりに　　3　ときたら　　4　なくしては

30　干ばつが続くなか、今日こそ雨が降るか（　　　　）、まったくの期待外れだった。

1　とおもいきや　　2　とはいえ　　3　といえども　　4　ときたら

31　まだ5月だというのに、今日の東京は真夏（　　　　）暑さだ。

1　なみの　　2　ならではの　　3　ような　　4　見込みの

32　有名人（　　　　）、ただ街を歩いているだけでも写真を撮られてネット記事になる。

1　はさておき　　2　ともなると　　3　からすると　　4　はおろか

33　捨てられず取っておいた紙袋は、（　　　　）何かに役立つかもしれない。

1　使いようによっては　　2　使おうとしても
3　使いでもしたら　　4　使えっこなくても

34　みなさん、今日は堅苦しい話は（　　　　）、大いに楽しみましょう。

1　おろか　　2　ぬきにして　　3　もとより　　4　ともあれ

35 今回の部内会議では、(　　　　)さまざまな発言が飛び出した。

1　意見と言うと、愚痴と言うと　　2　意見と言おうか、愚痴と言おうか

3　意見と言うも、愚痴と言うも　　4　意見と言っても、愚痴と言っても

問題6　次の文の ＿＿★＿＿ に入る最もよいものを、1·2·3·4から一つ選びなさい。

36 国民のために一生を奉仕する ＿＿＿＿ ＿＿＿＿ ＿＿★＿＿ ＿＿＿＿ やるまじきことだ。

1　政治家として　　2　裏では賄賂を受け取る

3　とは　　4　と言いながらも

37 あのおばあさんはオレオレ詐欺に遭って、危うく相手の ＿＿＿＿ ＿＿＿＿ ＿＿★＿＿ ＿＿＿＿ だった。

1　言うとおりに　　2　振り込む

3　ところ　　4　お金を

38 金融危機の影響で、失業率の上昇は ＿＿＿＿ ＿＿＿＿ ＿＿★＿＿ ＿＿＿＿ においても深刻な問題になっている。

1　世界各国　　2　のみならず　　3　ひとり　　4　日本

39 契約の内容をちゃんと確認しないと、あとで「こんなはずじゃなかった」＿＿＿＿ ＿＿＿＿ ＿＿★＿＿ ＿＿＿＿。

1　ことに　　2　という　　3　かねない　　4　なり

40 人一倍の ＿＿＿＿ ＿＿★＿＿ ＿＿＿＿ ＿＿＿＿、彼はみんなに慕われている。

1　持ち前の　　2　責任感と　　3　あいまって　　4　明るさとが

問題7　次の文章の読んで、41 から 45 の中に入る最もよいものを、1·2·3·4から一つ選びなさい。

OECD(経済協力開発機構)が実施した国際学習到達度調査によると、日本の15歳の「読解力」は、数年前の8位から15位に転落した。自分の考えや意見を自由記述する試験でも、他国に比べて白紙解答が際立つ。成績の順位に一喜一憂(いっきいちゆう)する必要はないが、読解力の著しい低下は 41 。日本人が日本語を使えるのは当たり前のことだったのに、そうでない子どもの姿が見えてくるのである。

読解力の低下は学力全体に影響を与えよう。読解力がなければ、国語ばかりでなく、算数、社会、理科の内容や文章題も読み解けないからだ。[42]、読解力は学校教育だけの課題にとどまらない。読解力がないまま社会に送り出されたために、電子メール文は書けるけれど、仕事に必要な連絡・報告文書が書けないということが起きている。言語力を[43]、社員教育で古典を朗読させたり、新聞を音読させたりして表現力や文章力を学ばせる企業もある。

人生の基礎である読解力は、新聞や本に親しむ[44]習得できる。始業前に、好きな本を読む「朝の10分間読書」もその一つであり、現在、全国約2万5000校の小中高で取り組まれ、約950万人の子どもが参加している。この活動で、読書が楽しくなり授業も面白くなって、学習意欲も引き出されている。情緒や問題解決力も育まれ、暴力やいじめもなくなったという報告も目立つ。

たった10分間の読書の積み上げが、子どもたちの心の窓を開き、体に活力を呼び戻している。新学習指導要領もこれに学ぶべきなのである。[45]、国語教育の指導順位は「話す・聞く・書く・読む」と記述され、「読む」を軽視したものになっている。読書や学校図書館を受験勉強の邪魔者として扱った時代の名残であろう。

41　1　気にかかる　　2　気をつける
　　3　気が利く　　4　気に入る

42　1　ただし　　2　したがって
　　3　また　　4　つまり

43　1　身につけまいと　　2　身につけるために
　　3　身につけられると　　4　身につけさせようと

44　1　ことには　　2　ことで　　3　ことから　　4　ことを

45　1　にもかかわらず　　2　それとは反対に
　　3　それはともかくとして　　4　言うまでもないことだが

読　解

問題8　次の文章を読んで、後の問いに対する答えとして最もよいものを、1・2・3・4から一つ選びなさい。

（1）

> ストレス学説が生まれたのは第2次世界大戦直前だった。動物に極端な寒さや暑さを与えると生体反応として副腎皮質ホルモンが分泌される事実が発見されたのが始まりだ。その概念が心の面でも広く応用され始めた。「ストレスがたまる」という用法もその一例だ。こうした心理面への応用には功罪あるが、気がかりなのはストレスを悪玉と見なす考え方である。ストレスが存在しなかったら種の進化も個体の成長もなかった。暑さも飢えも渇きもストレスである。これらに直面したからこそ種は生存のために様々な適応を遂げてきた。またヒトの個体にとってもストレスは、人格的な成長を果たすために必要な刺激なのだ。

46　本文の内容と合っているものはどれか。

1　動物にストレスを与えると、副腎皮質ホルモンが分泌され、身体に悪い影響を及ぼすことになる。

2　ストレスが人間にもたらすプラス面よりマイナス面のほうが多い。

3　ストレスがなかったら、種の存続も、個人の成長もありえない。

4　ストレスは、種の存続には不可欠な要素であるが、人格形成にはよくない。

（2）

最近は健康を気にする人が増えている。アメリカなどでは、肥満者や喫煙者は会社や官庁で昇進できない。健康でないと競争の激しい会社では生き残れない。そんなきびしい時代に入って、日本でもアメリカ流の「健康産業」がさかんになってきた。健康があまりにも強調されると、身体の弱い人や障害者が今よりもさらに排除される風潮が強まるのが心配である。本来ならば、会社も病弱者や障害者を引き受けるのが当然なのだが、現実には病気と思われるだけでも“窓際”におしやられたり、希望退職の募集の時に、真っ先に肩叩（かたたた）きされたりする（注）。昔よりも健康が気にされるようになったのは、このようにリストラ時代のなかで、企業での生き残り競争がきびしくなったことを示している。

(注)肩叩きされる：退職を勧められる

47 筆者が一番言いたいことはどれか。

1 日々高まる健康意識の背景には、リストラが続く中、企業での生き残り競争が厳しくなったことが挙げられる。

2 日本では病弱者や障害者が会社から排除される風潮がますます強まっているので、心配だ。

3 アメリカでは、身体の弱い人や健康でない人は会社や官庁に入ることができない。

4 アメリカ流の「健康産業」を取り入れてからというもの、日本でも健康がますます気にされるようになった。

(3)

未来というと、なんでも現在を変える、ないしは変わらなければならないと思いがちだが、必ずしもそうではない。未来でも変わらないものがあるのだ。相も変わらぬことがいくらでもある。この世に男と女がいる限り、愛をめぐる葛藤は続き、千年近い昔に書かれた源氏物語や伊勢物語を今、読んでも相通じるものがある。こうした情念の世界は十年先だろうが、百年後だろうが、一向に変わりがない。十年先を予測する場合、とかく何が変わるかという変化のみに着目(ちゃくもく)しがちだが、逆に変わらないことは何か、何がいつまでも残るかを調べてみることも重要である。「何も変わりはしないよ」も一つの立派な予測だという点を忘れてはならない。

48 筆者の考えに合うのはどれか。

1 情念の世界は一向に変わりがないから、それについて予測する必要がない。

2 未来になっても変わらないことがあるから、それに着目することが重要だ。

3 未来に不安を感じる人は、変わらなければならないと思っていても動かない。

4 未来へ行ったら、変わらなければならないと思って行動する人は成長できる。

(4)

価値観の多様性ということが、最近よく言われるようになった。生き方が多様になっただけ、価値観の方も、多様になってきた、というのであるが、果たしてそうだろうか。教育の「実状」を考えてみると、日本人すべてが、「勉強のできる子はえらい」という、一様な価値観に染まってしまっている、と言えないだろうか。親は子どもの点数のみ、序列のみを評価の対象にする。少しでもよい点をとってきて、すこしでも上位に位する子は「よい子」なのである。教師も親ほどではないにしても、それに近いであろう。

49 筆者の考えとして正しいものはどれか。

1 最近は生き方の多様性が価値観の多様性をもたらした。
2 子どもは点数や序列という一つの価値観によって評価される。
3 今の日本の教育を見てみると、多様な価値観が存在している。
4 教師の価値観と親の価値観は基本的に違っていると言える。

問題9 次の文章を読んで、後の問いに対する答えとして最もよいものを、1・2・3・4から一つ選びなさい。

（1）

仕事そのものに対する誇りややりがいも、大きな「動機づけ」となります。

自分の仕事が「社会的にどういう意義があるか」「他人にどう役立っているか」を考えれば、どんな仕事でも誇りややりがいが感じられるはずです。

どうしても感じられないという人がいるかもしれません。そのような人でも、「仕事は自己実現のステップである」と見なせば、少なくとも自分にとって意義あるものになるのではないでしょうか。

そのような「積極思考」もせず、グチをこぼし、不平不満を口にしている人が圧倒的に多いのです。

ビジネスでもスポーツでも一流の人間は、例外なく、仕事にほこりとやりがいを感じています。

ただ、人生で大きな成功を収める①「超一流の人間」となると、もう仕事を仕事と思っていません。（中略）ビジネスやスポーツが哲学になり、生き方そのものになっています。成功者の書いた本が人の心を打ち、ジャンルを超えて人々に感動を与えるのはそのためです。

仕事が哲学になると、甘さが消え、自分に対する本当の厳しさが出てきます。ですから、②とんでもない目標でも実現できてしまうのです。

50 ①「超一流の人間」とあるが、その説明について、正しいのはどれか。

1 仕事を趣味として楽しんでいる人
2 仕事を自己実現の手段と考えている人
3 仕事がそのまま人生哲学になっている人
4 仕事に人生のやりがいを感じている人

51 ②「とんでもない目標でも実現できてしまうのです」とあるが、その説明について、正しいのはどれか。

1 いくら小さな目標でもあきらめずに実現するということ
2 ほかの人にとって考えられないような仕事も実現できるということ
3 予想とは全く異なった結果をもたらしてくれるということ
4 ほかの人にとってまったく価値のない目標も、頑張って実現するということ

52 この文章で筆者が一番いいたいことはどれか。

1 ビジネスでもスポーツでも一流の人はグチをこぼさない。
2 仕事は社会に役に立ってはじめて意義がある。
3 一流の人になるためには、まず仕事に情熱を持たなければならない。
4 仕事に対するほこりややりがいは、大きな推進力となる。

(2)

私たちが子どものころは、公衆電話の色は赤と決まっていた。遠くからでも見えるためには、目立つ色が最適だったのだ。だが、やがてピンク電話の数が増え、それが緑色に変わり、現在ではほとんどの公衆電話が灰色である。

理由は、公衆電話が目立たなければならない時代が終わったからである。かつては必要不可欠だったから、最も目立つ赤である必要があった。しかし、現在では、ほとんどの人が携帯電話を持っているため、①公衆電話はどこも赤字である。当然、街角から次々と消えていく。

人を引き付けようとするものは派手な色を好み、②振りかえられなくて済むようになれば、だんだん地味な色に変わっていくのは、人間ばかりではないようだ。

今駅前ではどこも赤や黄色の看板が氾濫している。しかし、かつての公衆電話のような真っ赤はほとんどない。危険色である真っ赤を使っているのは、ポストと消防自動車ぐらいではあるまいか、居酒屋の看板の赤も、よく見ると消防自動車の赤とは少し異なる。かつての赤ちょうちんよりは派手だが、危険色と呼べるほどの強烈な赤ではないものが多い。多少オレンジがかっていたり、少し爽やかな感じの赤が使われていたりする。

飲食店のオーナーたちにも、客を引きつけたい気持ちは山々だが、えげつない赤は使いたくないという気持ちがあるのだろう。

53 ①「公衆電話はどこも赤字である」とあるが、ここではどういう意味か。

1 公衆電話は目立たなくなったので、赤字ばかり出している。
2 公衆電話は街角から消えてきたので、運営状況が悪いと推測できる。

3　公衆電話を利用する人が減ってきたので、収益がコストを下回っている。

4　携帯電話の普及にともなって、公衆電話はだんだん姿を消した。

54　②「振りかえられなくて済むようになれば、だんだん地味な色に変わっていく」とあるが、その説明について正しいのはどれか。

1　注目が集まらないものはだんだん地味な色に変わっていく。

2　人気度が下がってきたものは、赤や黄色を使う必要もなくなる。

3　過去を振り返って見る必要がなくなったので、地味になっていく。

4　誰も後ろ向きなどしないので、派手な服装を着る必要はない。

55　この文章で、筆者が一番言いたいことはどれか。

1　携帯電話の普及に伴って、公衆電話の重要性もだんだん減ってきた。

2　赤は危険を意味する色だが、いまや飲食店などの所では客を集めるために赤を使うようになっている。

3　ポストと消防自動車が赤を使うのはよいが、飲食店や居酒屋が赤を使うのはおかしい。

4　世間の物事の状態は色の状態からもうかがえる。

(3)

賢い人と賢くない人の脳は違うのか。外見はまったく変わりません。もちろん、一定以上の限度を越えれば話は別です。前述した通り、チンパンジーの脳は人間の脳より小さいわけですから。人間の脳でいえば、通常の3分の1、450グラムという例もありますが、これは小頭症という病気で、やはり機能には問題がある。(中略)①そういう極端な例を除けば、大小は関係ない。

脳みそのシワが多いといい、という俗説もありますが、これも関係ない。なぜ脳にシワがあるのかといえば、一定の容量の頭蓋骨(ずがいこつ)に沢山の脳を入れるためにクシャクシャにして収めているからシワになる。

新聞紙を小さな箱に丸めて入れるのと同じことです。シワの数だけなら人間よりイルカのほうが多いくらいですから、頭の良し悪しとはまったく関係ありません。

では、利口、バカを何で測るかといえば、結局、これは社会的適応性でしか測れない。たとえば、言語能力の高さといったことです。すると、一般の社会で「あの人は頭がいい」といわれている人について、では具体的、科学的にどの部分がどう賢いのかを算出しようとしても無理なことでしょう。そんなものの客観的、科学的な基準を作るのは難しい。しかも、無理やり客観的な基準を置いて測るなんてことをしたところで、あまり意味がない。場合によっては常識と異なる、(　②　)ことが予想されます。

56　①「そういう極端な例を除けば、大小は関係ない」とあるが、その説明に合っているものはどれか。

1　極端な例を除けば、頭の大きさは通常の三分の一であっても生活に影響が出ない。

2　極端な例以外には、頭が小さくても、脳の機能には支障をきたさない。

3　極端な例以外には、脳の大きさは小頭症とはあまり関係ない。

4　極端な例を除けば、頭の大きさは人の賢さ如何と関係ない。

57　（　②　）に入るものとして最も適当なのはどれか。

1　客観的な結論が出る

2　とんでもない結論が出る

3　人間がコントロールできない結論が出る

4　予想通りの結論が出る

58　この文章で筆者が最も言いたいことはどれか。

1　賢い人と賢くない人とでは脳の大きさや脳みそのシワの量が違う。

2　利口かバカかの問題は脳にあるのではなく、社会的適応性にある。

3　賢い、賢くないを科学的、客観的に判断するのは難しい。

4　人間の脳は極端な例を除けば、大した違いはない。

問題10　次の文章を読んで、後の問いに対する答えとして最も良いものを、1・2・3・4から一つ選びなさい。

脳死者からの臓器移植に道を開いた臓器移植法の施行から、丸五年がたった。だが、これまでに実施された脳死移植は、わずか二十件に過ぎない。臓器提供を待ちきれずに、海外で移植を受けるため渡航する患者も後を絶たない。

年間数件が低迷している原因は、「臓器移植禁止法」といわれるほど、①厳格な法の実施条件にある。

脳死者から心臓や肝臓、肺などの臓器提供を受ける脳死移植は、欧米では年間数千件に上る。世界的に広く実施され一般的な医療として定着している。

日本でも脳死移植を社会に根付かせるため、②実施条件の見直しなど必要な措置を講じるべきだ。

臓器移植法では臓器提供について、遺族の同意だけでなく、脳死者本人の生前の書面による同意が不可欠としている。

世界一厳しいと言われる理由である。だが、内閣府の世論調査によると、脳死移植への国民の理解は進んでいるものの、生前の書面、つまり意思表示カードを持っている人は9%しかない。しかも、このカードのことを知っている人は69%と二年前より12ポイントも減っている。意思表示カードは自治体の窓口や郵便局などで配布されているが、入手方法を知らない人も増えている。

脳死移植の前提となる意思表示カードの普及に、国や自治体はもっと努力すべきである。運転免許証や健康保険証などに、臓器提供の意思表示欄を設けることも検討してはどうか。

意思表示カードを持っていても、移植に結びつかないケースも多い。

脳死判定ができる病院は全国約四百三十カ所に限られている。それ以外の病院で脳死状態となっても移植できない。こうしたケースは日常的に起きている。

脳死判定ができる病院を増やすか、脳死判定チームの派遣制度を設けるなど、体制整備を急ぐべきだ。

さらに問題なのは、十五歳未満の子どもからの臓器提供を禁じていることである。意思表示できる年齢を民法の遺言可能年齢としたためだが、③十五歳未満の脳死者は臓器提供者となれず、移植を待つ小児患者の命を救うことはできない。

臓器提供の意思表示ができる年齢を下げた上で、それ以下の子供については、親の承諾に委(ゆだ)ねることも考えられる。

大事なのは、助かる可能性のある命を救うことである。法律の前提や運用のあり方を見直すべき時期に来ている。

臓器移植は「命のリレー」ともいわれる。人々の善意を確実に生かす努力と工夫が、強く求められている。

59 遺族の同意を得た場合、①「厳格(げんかく)な法の実施条件」の下で臓器移植可能なのはどれか。

1 臓器提供の意思表示カードを所持していて、脳死状態に判定された31歳の人
2 脳死判定された臓器提供の意思が表明できない16歳の青年
3 脳死状態になった12歳の子ども
4 脳死判定はできないが、臓器提供の意思カードを所持している23歳の人

60 ②「実施条件の見直しなど必要な措置(そち)を講(こう)じるべきだ」とあるが、その措置に合わないものはどれか。

1 意思表示カードの入手方法をより多くの人に知ってもらうこと
2 脳死判定ができる病院を増やしたり、脳死判定チームの派遣制度を設けたりすること
3 臓器提供の意思表示ができる年齢を下げ、遺言不可能年齢の子供については、親の同意を得ること

4　臓器提供について、遺族の同意さえ得られれば移植できるようにすること

61　③「十五歳未満の脳死者」とあるが、文章の内容と合うものはどれか。

1　親の承諾さえあれば、臓器移植ができる。

2　本人の意思表示カードがあれば、臓器移植ができる。

3　法律によって、臓器移植が禁じられている。

4　臓器提供の意思表示できる年齢を下げたので、国内での移植ケースが増えている。

62　本文の内容と合っているものはどれか。

1　海外から日本へ渡航して臓器移植を受ける患者は少なくない。

2　日本での臓器移植は本人の書面による同意があれば実施できる。

3　日本では脳死断定ができる病院が海外より限られている。

4　日本の法律では、15歳未満の子どもからの臓器提供は禁じられている。

問題11　次のAとBの記事を読んで、後の問いに対する答えとして最もよいものを、1・2・3・4から一つ選びなさい。

A

22日は「世界水の日」だった。しかし、雲南、広西、貴州、四川、重慶の5省・市・自治区では、干ばつによる被害が拡大している。

統計データによると、南西部のこれら5省・市・自治区で干ばつの被害を受けた人は5千万人以上に達し、1600万人分の飲み水が不足している。干ばつ被害による農業生産への影響は、すでに上流市場にまで及んでいる。また、中央気象台は、中間レベル(黄色)の乾燥早期警報を引き続き発令している。貴州中部・東部では23日、小雨あるいはにわか雨の予報。雲南、川西高原南部、広西西北部などの干ばつ地域では、今後3日間、降雨はほぼゼロの見通し。

雲南省関連部門は、昆明市の花卉栽培面積の8割が被災したことで、同省の花卉生産高は、前年同期比半減し、品質が優良な花卉の割合はかなり低下すると予測されている。

B

中国雲南省など南西部の広い一帯で、昨秋から雨が少ない天気が続き、深刻な水不足が広がっている。20日付の中国各紙によると、5千万人以上が影響を受け、農作物などの経済損失は190億元(約2500億円)に達した。干ばつは今後もしばらく続くとみられ、中国当局は警戒を強めている。

新華社電などによると、被害は雲南省のほか重慶市と貴州、四川各省、広西チワン族自治区の5地域に及び、17日時点で住民約1600万人、家畜約1100万頭の飲み水が不足している。干ばつの被害を受けた耕地は、東京都の約20倍の4万3千平方キロに達し、そのうち約2割の耕地では、農作物の収穫が見込めなくなった。当局は現地での給水活動に力を入れているほか、人工降雨などの対策も取っているが、効果は出ていない。現地紙は、雲南省などの被害の深刻さを「100年に1度」などと報じている。

63　AとBのどちらの記事にも触れられている内容はどれか。

1　中国南西部で起きた干ばつの原因
2　干ばつに見舞われた地域の天気予報
3　干ばつが農業に与える影響
4　中国政府の迅速な対応

64　AとBの記事に共通して言っていることは何か。

1　干ばつによる被害状況を緩和するため人工降雨などの対策をとるべきだ。
2　干ばつによる被害人口は5千万人以上に上り、深刻な水不足に直面している。
3　干ばつの影響で、穀物だけでなく花やお茶などの値上がりが懸念される。
4　今回の干ばつは「100年に1度」で、中国の西南地域に莫大な損失を与えた。

65　干ばつの被害について述べたことについて、正しいのはどれか。

1　約1600万人の住民が飲み水不足に面し、そのなか、渇水による死者も出ている。
2　干ばつの被害を受けた耕地面積は東京都の総面積の約20倍にあたり、そのなか、8割の農地は収穫の見通しがない。
3　被害地域のなか、貴州省に近いうちに大雨の予報が出ており、渇水状況が緩和できると予想される。
4　干ばつの大半の地域に近いうちに降雨の見通しがないため、干ばつの状況がしばらく続く恐れがある。

問題12　次の文章を読んで、後の問いに対する答えとして最もよいものを、1・2・3・4から一つ選びなさい。

目標がないというのが、マイナス人間の特徴です。

というのも、最初から「できない」と思っているから、本気で目標を設定しようとしないのです。

危険をものともせず登山家が頂上を目指すのは、そこに頂上のイメージがあるからです。そのイメージに誘われ、励まされ、引っ張り上げられて頂に立つのですが、①人生でも達成すべき目標のない人は山を登れません。

その日その日を何となく過ごして、何一つ遂げられずに人生を終わります。

目標というと、会社や職場が掲げる達成目標を思い出す人が多分多いでしょう。

一ヶ月の売り上げや年商(注1)のような数字が示され、「その数字に向かって頑張れ」と、絶えずハッパをかけられる(注2)わけです。受験生であれば「東大合格」「灘高(注3)合格」といったように、難関校合格が達成目標になるでしょう。また「今年は赤ちゃんを産もう」という目標を抱く若い女性もいます。

ただ、そのような目標はいずれも短期目標です。

一カ月か二カ月、長くてもせいぜい一年か二年で達成できる目標です。

このように比較的短いスパン(注4)に目標を置き、それをクリアしたら次の目的地を目指す。——というのが、②従来の目標設定でした。

つまり、短期目標に重点を置いていたのです。ただ、短期目標しか持たない人は、それに失敗すると大きな挫折感を味わいます。すべてを失ったかのように錯覚するのです。

中には、「明日のテストは頑張ろう」とか「今日のアフター5は○○さんと食事する」というような“ミクロ的な目標設定”に埋没し、貴重な人生を送ってしまう人もいないではありません。

たとえば、「大学入試に落ちた」「恋人にフラれた」といって自殺する人がいます。このケースなどは短期目標、つまり目の前の目標だけしか見ていないので、その向こうに横たわっている可能性に満ちた、自分の人生の大きさがわかっていないのです。

③「短期目標しかない生き方」は、もう一つの欠陥があります。

短期目標だけを見て、努力してきた人が成功すると、そこで満足してしまうことが多いのです。そして、次の目標が見出せないバーンアウトに陥りやすくなります。

人の脳は怠け者です。現状に満足し「これでよし」と思えば、その瞬間に進歩が止まるのです。

(中略)

人生を登山にたとえれば、目標はあくまでも頂上なのです。

短期目標は一合目、二合目にすぎません。

頂上という長期目標をイメージできない人間は、そこでの成功、不成功に一喜一憂し、ストレスをためます。

私たちが本当に実現したいのは最後の“登頂”であり、人生の最終目標であるはずです。まず遠くに最高目標を置いて、そこから身近な目的を導き出していくのが、人生において成功する目標設定の仕方なのです。

人生の最終目標となれば、単なる「出世」や「お金」で終わるはずがないのです。「課長になるために生きている人」はたくさんいますが、「課長になるために生まれてきたと思っている人」はいません。

皆さんが未来に思い描く頂上のイメージには、恐らく愛情や尊敬、社会的な使命の追求など、人間的な価値が要素として加わっているに違いありません。実は、それらが扁桃核に揺るぎないプラス感情をつくり、私たちの生きるエネルギーを支えてくれる最大の武器です。

(注1)年商：一年分の売り上げ

(注2)ハッパをかけられる：励まされる

(注3)灘高（なだこう）：灘高校は日本の高校受験の最難関といわれている高校

(注4)スパン：一定の期間

66 ①「人生でも達成すべき目標のない人は山を登れません」とあるが、その説明について正しいのはどれか。

1 人生の目標がない人は、山登りしないほうがいい。
2 人生も登山と同じように、目標がなければ頂に立つことができない。
3 人生において実現したい目標がないと、必ず失敗に終わる。
4 人生の目標を見出せない人は、山を登るときも頂上まで辿り着けない。

67 短期目標の特徴について、正しいのはどれか。

1 一年以内に成し遂げなければならない目標である。
2 愛情や尊敬、社会的な使命を目標として追求する。
3 その達成にこだわる人は、一喜一憂しがちで、ストレスがたまる。
4 それを達成すると、可能性に満ちた自分の人生の大きさが見えてくる。

68 ②「従来の目標設定」とあるが、その内容と合っているものはどれか。

1 短期目標設定
2 一年や二年を一つの段階として目標を設定すること
3 目の前の利益だけを重視して目標を設定すること
4 会社や学校などが掲げている目標を自分の目標とすること

69 ③「『短期目標しかない生き方』は、もう一つの欠陥があります」とあるが、「短期目標の欠陥」について、文章の内容と合っているのはどれか。

1 目の前の利益や不利益に拘っているため、よく間違った判断を下す。
2 一時の成功に一喜一憂し、もっと前へ進もうというやる気がなくなる。
3 目の前の目標を一つ実現したら、人生の頂上に達したと思う。
4 人生の価値や最終目標などを見失ってしまう可能性がある。

問題13　次は、大阪府における運転免許の更新手続きについて示したものである。後の問いに対する答えとして最もよいものを、1・2・3・4から一つ選びなさい。

70　大阪府出身の71歳の高齢者である田中さんは、運転期間は5年未満で、今まで一回のみ3点以下の違反運転をした。住所や名前に変更がない場合、運転免許の更新手続きに必要なものは次のどれか。

1　運転免許、更新連絡書、写真、高齢者講習終了証明書、2550円

2　運転免許、更新連絡書、写真、住民票の写し、3600円

3　運転免許、更新連絡書、写真、住所が確認できるもの、3250円

4　運転免許、更新連絡書、写真、高齢運転者を証明できるもの、4250円

71　本文の内容に合っているものはどれか。

1　本籍が大阪府ではない人は本籍地に戻って運転免許の更新手続きをする必要がある。

2　運転免許の更新料金は同じだが、運転期間の反則失点の差により、講習を受ける時間と料金に違いがある。

3　3回以上の違反運転を起こし、反則点数が4点以上の場合、免許の更新ができなくなる。

4　免許更新時に満71歳の優良運転者は免許更新後の有効期限が5年になる。

運転免許の更新手続きについて

申請書類：①運転免許証 ②更新連絡書 ③写真1枚(6か月以内、縦3cm×横2.4cm)
④本籍・氏名を変更した方は本籍地が記載された住民票の写し
⑤住所を変更した方は、住民票の写しまたは郵便物などで新しい住所が確認できるもの
⑥70歳以上の方は、高齢者講習終了証明書

手 数 料：①優良運転者の方：3,250円
(更新手数料2,550円・講習手数料700円・講習時間30分)
②一般運転者の方：3,600円
(更新手数料2,550円・講習手数料1,050円・講習時間1時間)
③違反運転者又は初回更新者の方：4,250円
(更新手数料2,550円・講習手数料1,700円・講習時間2時間)
※高齢者講習を受講された方等の更新時講習が免除される方は、更新手数料のみとなります。

分　　類：

分類	運転期間	致死傷事故	反則点数	違反行為	更新後有効期間
優良運転者	5年以上	なし	0	なし	5年
一般運転者	5年以上	なし	3点以下	一回のみ	5年
違反運転者	5年以内	ある	4点以上	二回以上	3年
初回更新者	5年未満	なし	3点以下	一回のみ	3年

※前記の優良運転者及び一般運転者に該当する方であっても、更新時(有効期間が満了する日)の年齢が71歳の方の有効期間は4年間、72歳以上の方の有効期間は3年間となります。

模擬テスト

第 3 回

聴　解

（55分）

問題1

問題1では、まず質問を聞いてください。それから話を聞いて、問題用紙の1から4の中から、最もよいものを一つ選んでください。

1番

1　買わない
2　現金で払う
3　カードで一度に払う
4　カードで6回で払う

2番

1　旅行の費用を振り込んで、冊子が来たら、日程を確認する
2　冊子を読んでから行くかどうか決める
3　冊子を読んでから、旅行費用を振り込む
4　日程が決まったら、4月10日までに、旅行費用を振り込む

3番

1　ラーメンを食べてから、バスで駅へ行った
2　温泉に入ってから、タクシーで駅へ行った
3　バスで駅へ行ってから、駅にある温泉に入った
4　温泉に入ってから、バスで駅へ行った

4番

1　自己紹介をする
2　あいさつをする
3　エピソードを紹介する
4　応援の言葉を話す

5番

1　先生方に休む理由を説明する
2　欠席届と診断書を学生課に提出する
3　欠席届に必要事項を書いて学生課に出せばいい
4　病院の診断書を学生課に出せばいい

問題2

問題2では、まず質問を聞いてください。そのあと、問題用紙の選択肢を読んでください。読む時間があります。それから話を聞いて、問題用紙の1から4の中から、最もよいものを一つ選んでください。

1番

1　風水が良くないから
2　高いところが怖いから
3　エレベーターに頼って、歩かなくなったから
4　窓が開かないから

2番

1　転勤や異動　2　人間関係　3　男女差別　4　給料

3番

1　だしを入れすぎたから
2　砂糖を入れすぎたから
3　塩を入れすぎたから
4　紙を入れちゃったから

4番

1　観光客への説明
2　バスの費用
3　駐車場の確保
4　車の誘導方法

5番

1　旅行に行くため
2　車を買うため
3　家を買うため
4　不安を紛らすため

6番

1　外国語に対応できないこと
2　外見が怖いこと
3　声に抑揚がないこと
4　多くの費用がかかること

N1全真模拟试题

問題 3

問題3では、問題用紙に何も印刷されていません。この問題は全体としてどんな内容かを聞く問題です。話の前に質問はありません。まず話を聞いてください。それから、質問と選択肢を聞いて、1から4の中から、最もよいものを一つ選んでください。

—メモ—

問題 4

問題4では、問題用紙に何も印刷されていません。まず、文を聞いてください。それから、それに対する返事を聞いて、1から3の中から、最もよいものを一つ選んでください。

—メモ—

問題5

問題5では長めの話を聞きます。この問題には練習はありません。

メモをとってもかまいません。

1番

問題用紙に何も印刷されていません。まず、話を聞いてください。それから、質問と選択肢を聞いて、1から4の中から、最もよいものを一つ選んでください。

—メモ—

2番

まず話を聞いてください。それから、二つの質問を聞いて、それぞれ問題用紙の1から4の中から、最もよいものを一つ選んでください。

質問1

1　子(こ)どもの早期教育(そうききょういく)が脳(のう)の発達(はったつ)に効果的(こうかてき)だ

2　早期教育(そうききょういく)をしないほうがいい

3　親子(おやこ)の交流(こうりゅう)より早期教育(そうききょういく)を優先(ゆうせん)すべきだ

4　早期教育(そうききょういく)が子(こ)どものためになる

質問2

1　子(こ)どもの早期教育(そうききょういく)が脳(のう)の発達(はったつ)に効果的(こうかてき)だ

2　早期教育(そうききょういく)をしないほうがいい

3　親子(おやこ)の交流(こうりゅう)より早期教育(そうききょういく)を優先(ゆうせん)すべきだ

4　早期教育(そうききょういく)が子(こ)どものためになる

模擬テスト

第 4 回

言語知識（文字・語彙・文法）・読解

（110分）

言語知識(文字・語彙)

問題1 ＿＿＿＿の言葉の読み方として最もよいものを、1・2・3・4から一つ選びなさい。

1 富士山は静岡県と山梨県に跨る活火山だ。

1 またがる　2 いたわる　3 まじわる　4 むらがる

2 姉は町役場で事務の仕事をしている。

1 えきじょう　2 やくば　3 えきば　4 やくじょう

3 大きな台風で船が沈没してしまった。

1 しんもつ　2 ちんもつ　3 しんぼつ　4 ちんぼつ

4 彼は直ちに任地に赴いた。

1 うつむいた　2 おもむいた　3 つぶやいた　4 みちびいた

5 何かと多忙な毎日を送っている。

1 たもう　2 だぼう　3 たぼう　4 だもう

6 久しぶりに釣りに行けたと思ったら竿が折れていた。

1 しお　2 さか　3 さじ　4 さお

N1全真模拟试题

問題2 (　　　)に入れるのに最もよいものを、1・2・3・4から一つ選びなさい。

7 彼とはもう終わったので、(　　　)はないんだ。

1 未熟　2 試練　3 未練　4 残念

8 女性が子育てと仕事を(　　　)させるには周りの協力が必要だ。

1 両立　2 両替　3 取替　4 調和

9 彼は実年齢より(　　　)見える。

1 ぬけて　2 おとって　3 にごって　4 ふけて

10 年のせいか、最近涙(　　　)なってきた。

1 もろく　2 よわく　3 おおく　4 しぶく

11 水を飲んで(　　　)ついたらまた走り出す。

1 一気　2 一息　3 一筋　4 一頓

12 会議ではみんなの意見が(　　　　)で、なかなかまとまらなかった。

1 おのおの　2 しばしば　3 まちまち　4 ぼつぼつ

13 聴診(　　　　)で心臓や肺の音を聞き、診断をする。

1 機　2 具　3 器　4 計

問題3 ＿＿＿＿の言葉に意味が最も近いものを、1・2・3・4から一つ選びなさい。

14 みんなが知恵を出して、問題の早期解決を図る。

1 さわって　2 ちぎって　3 しぼって　4 さぐって

15 あさましい根性をむき出しにする。

1 あぶない　2 いやしい　3 ずうずうしい　4 ずるい

16 今年から海外の商品をしいれるようになった。

1 販売する　2 売り出す　3 宣伝する　4 買い入れる

17 秋の冷たい雨の日はゆううつな気分が余計にひどくなる。

1 すがすがしい　2 わかわかしい

3 いたいたしい　4 うっとうしい

18 友達に自分の秘密をうちあけた。

1 もらした　2 まもった　3 かたった　4 かくした

19 自分のみのうえを他人に話したくない。

1 境遇　2 趣味　3 発想　4 計画

問題4 次の言葉の使い方として最もよいものを、1・2・3・4から一つ選びなさい。

20 華奢

1 一度きりの人生なんだから華奢に生きましょう。

2 彼女は華奢なライフスタイルやブランド品を好む。

3 企業研修で学校生活では学べない華奢な経験を積んだ。

4 華奢な感じになりたくてダイエットを始めた。

21 興じる

1 緑豊かな大自然の中でのんびりと休暇を興じる。

2 暑さを紛らわそうと少年たちは池で水遊びに興じている。

3　罰ゲームは飲み会で十分に場を興じてくれる。

4　景気が悪化するとお笑いブームが興じやすいと言われる。

22　気品

1　町の至るところはすでに祭り気品で賑わっている。

2　地元の人々は逆境に打ち勝つ気品を備えている。

3　この本では気品のある生き方を読者に伝授する。

4　連休明けの初日は疲れ気品で、仕事がぜんぜんはかどらない。

23　せかす

1　新型インフルエンザにかかってもせかさないでください。

2　実家の母は帰省するたびに彼との結婚をせかす。

3　語学の才能をせかして翻訳関係の仕事につきたいと思う。

4　大きな仕事を任すことで部下の成長をせかす。

24　いやに

1　最近、冷蔵庫の音がいやにうるさく感じる。

2　いやに仕事をするよりも好きな仕事をしたほうが楽しい。

3　いやに社長に言うべきほどのことでもないと思うけど。

4　子どもの頃に身についた習慣はいやに抜けないものだ。

25　ユニーク

1　彼はユニークがあってとてもおもしろい人だ。

2　このサイトではユニークで実用的な雑貨を販売している。

3　週に何度も遅刻する人はユニークだ。

4　ユニークな用事もないのに電話をしょっちゅうかけてくる。

言語知識（文法）

問題5　次の文の（　　　　）に入れるのに最もよいものを、1・2・3・4から一つ選びなさい。

26　火事現場の様子から見ると、部屋の石油ストーブが原因で火災が起こったのは（　　　　）間違いないだろう。

1　あえて　　2　ろくに　　3　ついに　　4　まず

27　（社内メールで）

「私事でたいへん恐縮ですが、今年3月31日（　　　　）退職することになります。これまで皆様にはたいへんお世話になり、心より感謝しております。」

1　にして　　2　ときた日には

3　を経て　　4　をもって

28　A「どうしたんですか。どこか具合が悪いんですか。」

B「昨日のイベントで受付係を頼まれて、一日中（　　　　）腰が痛いです。」

1　立ちっぱなしで　　2　立ちながらに

3　立ちつつも　　4　立ちきって

29　彼には、よくもそこまでうそが言える（　　　　）と感心するぐらいだ。

1　ものだ　　2　ことだ　　3　わけだ　　4　べきだ

30　無理して早起きした（　　　　）、始発の電車に間に合わなかった。

1　ためでもなく　　2　わけもなく

3　とてつもなく　　4　かいもなく

31　面接に落ちてしまっただろう（　　　　）、内定通知がメールで届いた。

1　からとて　　2　としたら　　3　かと思いきや　　4　がゆえに

32　大川先生のご指導（　　　　）、志望校に合格することはありえませんでした。

1　であろうと　　2　なくしては　　3　とともに　　4　だけあって

33　この町の現代的な建築はすばらしい自然風景（　　　　）、シンプルで安らぎの空間を生み出している。

1　とはいうものの　　2　とあれば

3　とあいまって　　4　とあって

34 今朝の天気予報じゃ、午後から晴れる（　　　）。

1　かな　　2　んだ　　3　って　　4　だよ

35 何の準備もなく試しに面接会場に行っただけなのに、採用されたとは。運がよかった（　　　）。

1　といってやまない　　2　でなくてなんだろう

3　といってもかまわない　　4　としか言いようがない

問題6　次の文の ___★___ に入る最もよいものを、1·2·3·4から一つ選びなさい。

36 ただの親切の ______ ______ ___★___ ______ しまい、残念に思う。

1　彼女を傷つける　　2　ことになって

3　結果的には　　4　つもりが

37 旅に出て多様な文化や考え方に触れる ______ ______ ___★___ ______ と思い、夏休みに子どもを海外教育旅行に行かせた。

1　なれば　　2　視野を広げる　　3　ことが　　4　きっかけに

38 彼が有名な学者になれたのも、______ ______ ___★___ ______。

1　しっかりした　　2　ことだ　　3　あっての　　4　基礎の勉強

39 中学生 ______ ______ ___★___ ______ 持つようになる。

1　意見を　　2　ともなると　　3　社会に対して　　4　自分なりの

40 マラソンの後、足が棒になって ______ ___★___ ______ ______ ので、しばらく道端で座り込んでいた。

1　動けそうに　　2　疲れた　　3　ない　　4　くらい

問題7　次の文章の読んで、[41]から[45]の中に入る最もよいものを、1·2·3·4から一つ選びなさい。

以下は、雑誌のコラムである。

> 気温や湿度、風速などの気象データから作り出されたユニークな指数が、続々と生み出されている。各会社はそれぞれ知恵をしぼり、その独自性でお客を[41]らしい。「洗濯指数」や「紫外線指数」などはよく知られており、利用もされている。洗濯していいかどうか、外出には帽子をかぶったり日焼け止めをつけたりしたほうがいいかなどの判断の助けになる。

N1全真模拟试题

変わったところでは「やりがい指数」というのがある。これは、気温20度前後で微風という状態のときに集中力が[42]平均風速や最高気温などのデータを分析して、仕事に集中できるかどうかを100点満点で表したものだ。他にも「忘れ物指数」というのがあって、湿度や気温の上昇で不快になれば注意力が散漫になるので、忘れ物をしやすくなる。忘れ物をしやすいかどうかは3段階で表され、この指数で注意をうながすことができる。

[43]健康関係の指数、たとえば「リウマチ(注)指数」のようなものも編み出された。これはリウマチ患者約100人の[44]、前の日との気温・湿度差と痛みの強さとの関係に着目して作られたもので、他のいろいろな病気の指数化も進んでいるようだ。このような気象データから考え出された指数は、以前は直接天候に影響を受ける企業などがよく利用していたが、販売会社のほうでは、身近な生活情報に加工することで個人客[45]買ってもらおうと工夫を凝らしているようだ。

(注)リウマチ：風湿

41
1 つかみたいとしている
2 つかもうとしている
3 つかみたくてもつかみようがない
4 つかまなければならない

42
1 高まることから　　2 低下するにもかかわらず
3 高まるのみならず　　4 低下しないように

43
1 要するに　　2 かりに　　3 むしろ　　4 さらには

44
1 データのもとで　　2 データに即して
3 データをもとに　　4 データに反して

45
1 のも　　2 でも
3 をも　　4 にも

読　解

問題8　次の文章を読んで、後の問いに対する答えとして最もよいものを、1·2·3·4から一つ選びなさい。

（1）

生命を延ばすことに心を奪われるのではなくて、病者に死が訪れるまでにまだ少し時間のある間に、その人になにか本当のいのちをあたえるようなことができないか、ということを考えたい。わたしたちはその人の人生の幕切(まくぎ)れで、ドラマの脇役(わきやく)になる光栄を感じとり、仕(つか)えるような思いで臨死の患者と共にあるべきではないだろうか。その思いがあれば、どんなに忙しく働いても、そして疲れて倒れても、本望(ほんもう)ではないだろうか。

46　「そして疲れて倒れても、本望(ほんもう)ではないだろうか」とあるが、その説明について正しいのはどれか。

1　臨死の患者のために仕えるのは自分の本当の願いではない。

2　死が訪れる前のほんの少しの時間に忙しく働くのは患者の本当の望みではない。

3　患者とともに彼らの最期を迎えるのは光栄だと思う気持ちがあれば、いくら彼らに仕えるとしてもそれで満足できる。

4　生命を延ばすために忙しく働くより、患者の本当の気持ちを聞いてあげるのが自分の本当の願いだ。

（2）

女子高校生や女子大学生は、すぐ仲よしグループをつくります。一緒にお弁当を食べたり、おしゃべりをしたり、買い物に行ったり。仲間は青春を楽しむ必需品という趣さえあります。若者が一番気にするのは、こうした仲間からの目だそうです。学校の先生や親より、仲間の意見を尊重し、仲間のルールを守ろうとします。時には仲間はずれにならないために万引きをしたり、いじめをしたりします。仲間の中に自分の居場所があれば安心感が得られますが、居場所がなくなると一人ではとても不安でやっていけないのでしょう。

47　この文章で筆者が一番言いたいことはどれか。

1　女子高校生は青春を楽しむためによくグループをつくって、一緒に行動する。

2　青春時代の学生にとっては、学校の先生や親よりも、仲間がもっと重要なのである。

3　若者は自分の居場所があれば安心するが、それがなくなると不安に思う。

4　青春時代の学生は仲間を気にし、仲間はずれされないように仲間に同調する嫌いがある。

(3)

マニュアル通りのサービスは単に義務を遂行（すいこう）しているだけであって、サービス精神とはほど遠いものでしょう。「私はあなたのことを忘れていません。いつもあなたのことを考えていますよ」この気持ちを相手に伝えることがサービスの原点なのです。お客様に伝わらないサービスは価値ゼロと言っていい。それではお客様からお金をもらえないし、給料ももらえないと考えるべきです。サービス業に限った話ではありません。業種や職種にかかわりなく、一人ひとりが誰に対してもサービス精神を持つ必要があります。それがあなたの周囲を明るくし、物事を良いほうへ導く原動力になってくれるからです。

48　「サービス精神」とあるが、ここで筆者が言っているサービス精神とは何か。

1　マニュアル通りに、丁寧な言葉遣いを使って、礼儀正しく行動すること

2　いつも相手の気持ちを考え、相手の本当の需要に応えること

3　できれば店内の雰囲気を明るくし、お客さんを喜ばせること

4　「いつもあなたのことを考えていますよ」とお客様にちゃんと言うこと

(4)

ゾウはなぜ巨大なのか。それは大きな図体（ずうたい）で捕食者を圧倒しようとしているからだ。あれだけ巨大ならばトラもライオンも歯が立たない。ネズミはなんであんなに小さいのか。小さければ捕食者の目につきにくいし、小さな穴やものかげにすばやく隠れることもできる。ゾウやネズミは勝手に大きかったり小さかったりしているわけではない。(中略)しかしゾウにしてみれば、大きいから皆ハッピー、というものでもなく、できれば「普通の動物」に戻りたいのであろう。ネズミにしたってそうだ。だからこそ、大陸の動物は捕食者の少ない島におかれると、大きい物は小さく、小さいものは大きくなるのだ。

49　文章の内容と合っているものはどれか。

1　ネズミやウサギのような小型のものの場合、島のものは大陸より、体が小さくなる。

2　ゾウのような大型のものの場合、島のほうが大陸よりずっと大きい。

3　捕食者が少なくなると、動物は普通のサイズに戻る。

4　ゾウやネズミは必要に応じて大きかったり小さかったりする。

問題9　次の文章を読んで、後の問いに対する答えとして最もよいものを、1・2・3・4から一つ選びなさい。

（1）

私たちは、さまざまな方法で生活の中にしきりを作ってきた。その中でも「私」と他人とのしきりは、多様な方法で行われている。家族の中でも、それぞれが自分の衣服を持ち、個室を持つといったことによって、家族の中にしきりをつくっている。ここでは、私用と共用ということにかかわるしきりを考えてみよう。

私用のものとは、いってみれば①「これはわたしのものだ」という感覚と分かちがたい。つまり、そのものをめぐって個人的なしきりがなされているのである。では共用のものの場合はどうだろう。兄弟、家族、学校のクラスあるいは学校全体など、その単位は二人からはじまって、かなり大人数で共用するものまである。しかし、それを共用する人々が際限なく広がっているということはまれである。つまり、多くは、②特定の集団を限定したしきりをもっている。

「これはわたしのものだ」という表現は、わたしがいなければ成り立たない。私がいることで、わたしとそれ以外のものの間に境界線（しきり）をつくることになる。そうなってくると、結局、わたしとは一体あるのかどうかという問いがそこにかかわってくる。

N1全真模拟试题

50　①「『これはわたしのものだ』という感覚と分かちがたい」とあるが、その説明について、正しいのはどれか。

1　私用のものとは「これはわたしのものだ」とは違う。
2　私用のものとは「これはわたしのものだ」とほぼ変わりがない。
3　「これはわたしのものだ」は私用のものと分けて考えたほうがいい。
4　「これはわたしのものだ」という感覚から私用のものが生まれる。

51　②「特定の集団」のものについて、その例として**正しくない**のはどれか。

1　自分一人しか使えないパソコン
2　兄弟と一緒に住んでいる部屋
3　大学の入学式が行われる会場
4　社員たちが使っている社内の事務システム

52　この文章で筆者が最も言いたいことはどれか。

1　現代人は家族生活をよりよく改善するために、さまざまなしきりを作っている。
2　私たちは私用のものをめぐって、個人的にはさまざまなしきりを作っている。
3　現代人は自分専用のものを持っているが、その中に自分があるかどうか分からない。

4　私たちは自分の存在自体を考えずに、さまざまなしきりを作っている。

（2）

誰しも、なにかをやりたいなとか、やってみたいなとか思うことがあるが、なかなかそれができない、ということがあるものだ。

「…がやってみたい。しかし…」というわけで、なにか留保（りゅうほ）条件がつき、①その条件について考え込んだり、それを解決してから、などと思っているうちに、日が経ってしまったり、意欲が薄れたりしてしまう。あるいは、ずっとそのように思いながら死を迎えてしまうということもある。

やりたいことはやればいいじゃないか、といえばまったくそのとおりなのだが、そこで「しかし」という条件が心の中に生じてきて、②のびのびになるところに、人間というものの在り方がよく示されていると思われる。

ごく一般にあることとしては、やりたいことがあっても、「その前にしておかねばならないこと」があって、それが気になるという場合がある。小さい例をあげると、たとえば麻雀の好きな人が麻雀に誘われる。「しかし、どうしても明日までにしなければならない仕事がある」というような場合である。

こんなときは、やりたい麻雀を辛抱して、しなければならない仕事にかかるが、後から考えてみると、そのときの能率はきわめて悪いものである。

（中略）

このようなときは、やりたいと思った麻雀をやってしまうほうが能率的なことがある。

53　①「その条件」とあるが、具体的に何を指すのか。

1　やりたいことをする前にやらなければならないこと
2　まかされた仕事を引き受ける前に自分の要求などを含む留保条件
3　自分の願いをかなえるために、解決しなければならない難問
4　夢や理想を実現するために、犠牲しなければならないこと

54　②「のびのびになるところに、人間というものの在り方がよく示されていると思われる」とあるが、その説明について、正しいのはどれか。

1　ゆったりと自分のやりたいことをやるのが、もっとも人間らしい生き方である。
2　やりたいことがなかなか実現できないで延ばされるのが人間の本当の生き方である。
3　のんびり計画を立てながら夢を見るのは、人間の理想的な生き方である。
4　忙しい仕事の合間を利用して、のびのびと自分のやりたいことをするのは有意義な生き方である。

55 この文章で筆者が最もいいたいことはどれか。

1 やりたいことはなかなか実現できないので、もっと現実に目を向けるべきだ。
2 やりたいことはすぐやらないと、時間が立つにつれてその意欲がだんだん薄れていく。
3 計画を立てるのは時間の無駄だから、やりたいことを今すぐやったほうがいい。
4 やりたいことは我慢するより、行動に移したほうがかえって能率が高くなる。

(3)

好きな仕事、好きなことをすればいい、というと必ず「今の仕事が本当にすきかどうか分からない」「自分にはもっと向いている仕事があると思う」というような、いわば愚痴のようなことを言う人が出てくる。

自分の仕事でも、人間関係においても言えることだが、①こういう態度はよく言えば向上心があるとか批判精神があるといえなくもないが、過剰な「疑い」は決してプラスに働かない。

「自分がこの仕事を好きだというのは思い込みかもしれない」とか「彼女を好きなのは幻想かもしれない」などと、疑い出したらきりがないのが世の中だ。哲学を批判するわけではないが、あらゆることに懐疑精神を持って哲学的になるのは、はっきり言って私は勧めない。

彼女がいて、ラブラブな状態にある。でもひょっとしたらこいつは、打算で俺と付き合っているんじゃないかとか、実は二股かけているんじゃないかとか、いろいろなことを疑い出しても、疑ったからといって得することはほとんどない。

（中略）

「人生に対する疑い」のようなものは、誰もが思春期に経験するものだが、その態度をずっと引きずることはかっこいいでも何でもなく、自分にとってマイナスにしかならない。

根拠のない思い込みをしない、意味のない疑いを持たないということを「習慣づける」のは上手に生きるコツの一つだ。

56 ①「こういう態度」とあるが、ここでは何を指すのか。

1 自分の仕事が本当に好きかどうか、わからないという態度
2 人間関係がうまく行っているのかどうか、わからないという態度
3 今付き合っている人を本当に好きかどうか、わからないという態度
4 自分の人間関係や仕事に対して疑いを持っている態度

57 彼女とラブラブな状態にある人は、なぜ疑い出すのか。

1 哲学を批判することが好きだから

2　彼女が二股をかけているのを見抜いたから
3　周りのすべてのことに疑いを持っているから
4　向上心と批判精神を思春期から持っているから

58　この文章で筆者が一番言いたいことはどれか。

1　人間関係に懐疑精神を持つのはいいことではない。
2　根拠のない、意味のない疑いは持たないほうがいい。
3　あらゆることに懐疑精神を持つのは哲学的な考え方なのだ。
4　人生に「疑いを持つ」のは自分にとってマイナスにしかならない。

問題10　次の文章を読んで、後の問いに対する答えとして最もよいものを、1・2・3・4から一つ選びなさい。

最近は女性がとても強くなりました。

あらゆる分野で女性の活躍が目立ち、どちらかというと男性が、そのパワーに圧倒されているようです。家庭でも昔のように亭主関白は希少価値になり、たいていは妻が主導権をがっちり握っています。実は、脳の構造からして、女性のほうが男性より「たくましく生きられる」ようになっているのです。

①人間の大脳は、ご存じのように右脳と左脳に分かれています。ちょうど左右の手で拳をつくり、それをくっつけたような形です。この左右の脳の働きが異なっていることも、最近の脳ブームでよく知られるようになりました。ごく大雑把に言うと、左脳は分析的な活動を担当し、右脳は直感的、総合的な仕事をしています。今までの研究で分かったことを整理すると、左脳と右脳では、次のような働きの違いがあるとされています。

左脳＝「話すこと・書くこと」「計算」「論理的思考」「言語的判断」

右脳＝「イメージすること」「直感的思考」「音楽・絵画」

こうした左右の脳の働きはほとんど性差がないと言われています。しかし、学校時代を振り返ってみると、②数学は男子のほうが得意で、音楽は女子に得意な子が多かったような気がします。こうした印象は間違いではなく、その理由は左右の脳をつなぐ脳梁(のうりょう)という神経組織の束に関係していると思われるのです。

人間の左右の脳は別々に活動するのではなく、互いに情報を交換し合いながら、全体として働いています。左右の脳の情報交換ルートが狭い男性に比べ、女性のほうが両方の脳をバランスよく使っているということです。

つまり、男性は左脳の分析的活動に支配されやすく、直感的な活動をする右脳をより活かしているのが女性です。ですから、夫婦ゲンカをしても男は論理的に相手を説得しようとしますが、直感的に判断する女性はなかなか納得しないのです。仕事で遅く帰ったとき、どれほど仕事が大変であるかを私は理詰めで話します。ところが妻の右脳には、家族そろって楽しく食事する「幸せな家庭」のイメージがありますから、夜遅く帰宅するなどというのはとんでもないことなのです。

結婚して二十年もたつのに、そういう「幸せな家庭」のイメージを持ちつづけているのですから、すばらしいプラス思考、強靭（きょうじん）なイメージ力です。そのイメージ力が功（こう）を奏（そう）し、このごろは私も早く帰って家族団らんを楽しむ気持ちになりました。二十年かけて、私をコントロールするたくましさを妻は持っていたのです。

③女性というのは、一般に男性よりもプラス思考です。

困難な事態に直面したとき、最後まであきらめないのは女性です。一方、男性のほうは分析的、論理的に思考しますから、過去のデータから未来を推測することになります。過去は失敗のデータの宝庫です。それに基づいて計算すれば、当然、マイナスの未来像が出てきます。マイナス思考に陥ってくよくよ悩み、ストレスばかりためる結果になるのです。

女性のほうがずっと長生きするのも、「④ストレスとのつきあい方」がうまいからでしょう。

59 ①「人間の大脳は、ご存じのように右脳と左脳に分かれています」とあるが、「左脳」と「右脳」の役割分担についてあっているのはどれか。

1 左脳：数学問題を解く、絵を描く、スピーチをする
右脳：ピアノを弾く、小論文を書く、料理を作る

2 左脳：哲学の本を書く、英語を話す、服のデザインをする
右脳：歌を歌う、ヨガの練習をする、映画を作る

3 左脳：商品の値段を計算する、法廷で弁護する、フランス語を勉強する
右脳：彫刻を作る、コンサートで演奏する、十年後の様子を想像する

4 左脳：企画書を書く、パソコンを修理する、部屋の装飾を変える
右脳：おしゃべりする、本を読む、プログラムを計画する

60 ②「数学は男子のほうが得意で、音楽は女子に得意な子が多かった」とあるが、それはなぜか。

1 男性は左脳が発達しているのに対して、女性は右脳のほうが強いから

2 男性は左脳の分析活動に支配されやすく、女性は直感的な活動をする右脳をより活かしているから

3 女性はよく音楽に関連する活動に従事し、男性より右脳のほうが発達しているから

4 女性は全体的なイメージを把握するのが得意ですが、部分のことを理解する

のが弱いから

61　③「女性というのは、一般に男性よりもプラス思考です」とあるが、なぜか。

1　女性は男性に比べ、全体的なことをイメージするのに長けていて、あきらめずにがんばることができるから

2　女性は男性より理性的に将来のことを分析し、未来のあらゆる可能性を想像できるから

3　男性は女性よりもっと現実の可能性に目をむけ、論理的に思考しているから

4　男性は左脳に蓄えていたデータにこだわり、将来に対して悲観の態度を持っているから

62　④「ストレスとのつきあい方」とあるが、その説明について正しいのはどれか。

1　女性は家庭的な人が多く、「幸せな家庭像」を常に持ち続けているのでストレスに強い。

2　女性は未来にある可能性を想像できるから、楽観になりすぎるきらいがある。

3　男性は人生にマイナスのイメージを持っているから、ストレスがたまりやすい。

4　男性は過去の失敗のデータにより、マイナス思考に陥りやすく、ストレスがたまりやすい。

問題11　次のAとBはそれぞれ別の新聞社の記事である。AとBの両方を読んで、後の問いに対する答えとして最もよいものを、1・2・3・4から一つ選びなさい。

A

トヨタ自動車のリコール問題は、一自動車メーカーに対する不信を超え、自動車産業全体へ広がろうとしている。

とくに品質が原因と疑われる事故で犠牲者が出た米国では、トヨタ車への風あたりが厳しい。リコールの対象になったアクセルペダルやハイブリッド車のブレーキは、設計品質と製造品質の両面から、早急に原因究明と改善が進むとみられる。一方、問題がここまで深刻化した背景に、自動車メーカーを甘やかす雰囲気が社内外になかったのか、検証してみる必要がある。

一つはマスメディアの豹変ぶりだ。一昨年までは、トヨタが世界一の自動車メーカーになるとほめ立ててきた。ところが、品質問題が発覚すると、急速な成長が品質悪化の遠因になったと指摘。これでは新興国市場の急拡大に必死で対応しようとしている日本の自動車産業の成長戦略をも、否定しかねない。

B

トヨタが採用に慎重なのは、大規模リコール問題の余波で、この先、販売が伸び悩む可能性があることも影響している。米国では販売減少で、米ケンタッキーとテキサスの両工場で4月までに計14日間の稼働休止を実施。販売がさらに減少すれば、国内生産にも影響が及ぶことが予想されている。こうした警戒感から、開発にあたる「技術職」の採用は380人で、直近のピークの05年度の半分以下に絞られた。

しかし、人件費抑制の政策が逆にトヨタの競争力を引っ張りかねないという懸念もつきまとう。技術職の採用抑制では、ハイブリッド車など次世代環境車の開発競争に遅れが出ないとも限らない。

黒字転換を目指して採用抑制を進める中、競争力確保とのバランスをどう取るかが課題になっている。

63 AとBのどちらの記事にも触れられている内容はどれか。

1 トヨタ自動車がアメリカでリコールした車種
2 マスメディアのリコール問題に関する報道
3 リコール問題後のトヨタ自動車の課題
4 トヨタ自動車の新規採用の状況

64 AとBの記事に共通して言っていることは何か。

1 リコールした欠陥車の原因究明を急がなければならない。
2 トヨタ自動車の急拡大が品質悪化を招き、リコール問題につながった。
3 トヨタ自動車は黒字転換を実現するため、人件費を削減すべきだ。
4 リコール問題の影響で、トヨタ自動車は米国で苦戦を強いられている。

65 トヨタ自動車のこれからの動きについて述べたものとして、正しいのはどれか。

1 新興国市場の急成長にブレーキをかけ、品質悪化の原因を究明する。
2 新しい車種の開発において、業界の先頭に立つため「技術職」の採用を増やす。
3 消費者を安心させるため、マスメディアを通して謝罪し新しくスタートする。
4 リコール問題の原因究明と改善を進めると同時に、人件費を抑制する。

問題12　次の文章を読んで、後の問いに対する答えとして最も良いものを、1・2・3・4から一つ選びなさい。

現代に生きる私たちは、やはり異文化とどう向き合うのか、という心の姿勢をそれなりに培(つちか)っておくことは、どのような環境で生活するにしても、ある程度重要なことと思われる。どこかの人里(ひとざと)離れた田舎でひっそりと暮らそう、と思っていても、その田舎のあり方自体が、ますます国内ばかりではなく、国際情勢の影響下にあるとすれば、むかしのような完全な隠遁(いんとん)生活はできないし、もしやっているつもりでいても、ただ世の中の現実に背を向けて、①三猿(さんざる)を決(き)め込(こ)んでいる(注)だけであるとも言える。

またかつてのように、異文化に向き合うというのは、外国語を習得することである、というような②一本調子(いっぽんちょうし)の発想でも不十分である。私たち日本人が、日本語を不自由なく使いこなせるからといって、どれほど日本文化や、社会のことを、ある程度の自信を持って、語ることができるだろうか。この本の執筆者(しっぴつしゃ)はすべて、それぞれ南米・スペイン・香港・ニューヨークなどの異文化の地に、それぞれの社会への理解を深める目的をもって、これまでの人生のかなりの年数を過ごしてきた経験者であり、現地の言葉に不自由せずに生活してきているけれども、またそれぞれにさまざまな側面で異文化の壁を感じてきた。

また、彼(か)の地(ち)でさまざまな日本人にも出会ってきたが、言葉はある程度できても、自分の殻(から)に閉じこもってしまって、結局数少ない日本人の仲間うちだけで交流する、という人も少なからず見てきた。

また、非常に社交的で、冗談やユーモアに長(た)けていて、現地の人たちの受けも良いと一見思われる人が、案外信用されていない、ということもある。

現地人や社会のことをある程度分かってきて、生活するのに、困らないようになると、もうすっかりそれ以上に学ぶ努力を払わなくなる人もいる。

異文化に興味をもち、「異文化への理解」を進めようとしている人でも、ある一定の解釈が成立すると理解しようとする努力の停止が起りうる。

分かった気になってゆくのである。

異文化理解というものに、絶対的最終的な解釈はなく、常に違った解釈がありうるし、より深いレベルの解釈もありうる。

（中略）

理解しようとしたり、理解してもらおうとする意識や努力の継続こそが、お互いをつなぎ合う糸なのであり、ある固定された知識を持っているだけとか、外国語を話すことができるということだけでは、異文化とかかわっていることにはならない。

それは「③関わりの停止」ですらある。

異文化社会の中に身をおいていてもいなくても、意欲を持ち続けていることが基本的に重要な姿勢だと思われる。

（注）三猿を決め込む：見ざる、聞かざる、言わざるの「三ざる」

66 ①「三猿(さんざる)を決(き)め込(こ)んでいるだけであるとも言える」とあるが、誰のことを言っているか。

1 現代に生きていて、異文化交流に積極的に向き合う人のこと

2 現代に生きているが、人里を離れてひっそり隠遁生活をしようとする人のこと

3 世の中の現実に背を向けて、虚無な生活をしている人のこと

4 外国語の習得を通して、異文化に向き合おうとしている人のこと

67 ②「一本調子(いっぽんちょうし)の発想」の内容と**合わない**のはどれか。

1 外国語さえできれば、異文化理解も順調に行くだろうという考え

2 異文化と向き合うことは、外国語を習得することだと決めこむ考え

3 現地の言葉を不自由なくこなせれば、その社会や文化への理解もきっと深くなるという考え

4 外国の言葉を身につけていても、異文化の壁を感じることがあるという考え

68 ③「関わりの停止」とあるが、そうならないためにどうすればいいのか。

1 積極的に固定された知識を身につければいい。

2 外国語の勉強を頑張って、海外で不自由せず生活できればいい。

3 異文化を理解し合おうとする意欲を持って、努力し続ければいい。

4 異文化がある程度わかって、海外での生活に困らないようになるまで努力すればいい。

69 この文章で筆者が一番言いたいことはどれか。

1 現代に生きるわたしたちにとって異文化理解は大切なことだ。

2 異文化理解には、最終的な解釈はない。大切なのは理解しようとする、また理解されようとする意欲を持ち続けることだ。

3 外国語が話せるからといって、異文化理解に詳しいとは限らない。

4 現地で過ごした経験のない人は、異文化の壁にぶつかりやすい。

問題13　次は、ある会社の募集要項である。後の質問として最もよいものを、1・2・3・4から一つ選びなさい。

70　日本国出身で営業関係の仕事を5年間ぐらいやってきた佐藤さんは、営業部長や副総経理として日系会社の上海支社に勤めた経験はあるが、財務関係のことには詳しくない。英語と北京語がビジネスレベルで、広東語があまりできない。彼の場合、応募できる職はいつくあるか。

1　一つ

2　二つ

3　三つ

4　四つ

71　香港出身の李さんは財務担当の仕事を10年ぐらいやってきた。マネージメントが得意で、英語がビジネスレベルである。彼に適する職の月間給与はいくらか。

1　20K～25K

2　10K～15K

3　25K

4　40K～50K

求人広告（中国華南地区）

☆ 営業/メーカー	給与：応相談 勤務地：KLN（注1）	電子部品業界にてルート営業、新規顧客開拓。海外拠点とのやりとり。英語ビジネスレベル、北京語できれば尚よし
☆ 総経理代行/メーカー	給与：応相談 勤務地：HK	営業から人事管理にいたる法人運営全般管理業務。マネージメントの得意な方。英語ビジネスレベル、北京語できれば尚よし
☆ 営業/商社	給与：20K～25K（注2） 勤務地：香港島	プラスチック、電子部品関連の中国顧客営業。既存顧客フォローアップ。華南地区へ出張あり。北京語ビジネスレベル
☆ アシスタント/メーカー	給与：20K 程度 勤務地：KLN	総経理不在時のスタッフマネージメント。会計財務、工場スタッフの管理。出張あり。北京語ビジネスレベル
☆ 財務/アパレル	給与：40～50K 勤務地：Central（注3）	財務、会計全般。香港の財務管理マネージャーとして経理担当者数名をまとめられる方。英語、広東語ビジネスレベル
☆ 品質管理/商社	給与：応相談 勤務地：シンセン	プラスチック、金属成型等を中心とした外注先の品質管理、監査、顧客対応、北京語日常会話レベル
☆ 財務/メーカー	給与：～25K 勤務地：恵州	日本人管理部本部長のサポート業務。副総経理的なポジションで全体を管理できる方。北京語ビジネスレベル必須
☆ 内勤事務/旅行業	給与：10～15K 勤務地：広州	電話やメール等で日本語でのインサイドセールス中心。経理システムの入力など。現金管理。北京語日常会話レベル必須。シニア歓迎

その他様々な分野での案件を取り扱っております。お気軽にお問い合わせください。

テンプスタッフ香港
Tel：(852)2525－8123
Fax：(852)2525－8423
Email：jpdest@tempstaff.com.hk
日本人担当：フジ
中国人担当：エリカ

テンプスタッフ広州
Tel：(86)20－3835－8123
Fax：(86)20－3835－8423
Email：jpdest@tempstaff.com.cn
日本人担当：タナカ
中国人担当：王（日本語可）

（注1）KLN：九竜　（注2）給与20K：20,000香港元　（注3）Central：中環

模擬テスト

第 4 回

聴　解

（55分）

問題1

問題1では、まず質問を聞いてください。それから話を聞いて、問題用紙の1から4の中から、最もよいものを一つ選んでください。

1番

1 破(やぶ)れた部分(ぶぶん)を持(も)ってくる
2 本(ほん)を修理(しゅうり)する
3 同(おな)じ本(ほん)を買(か)って持(も)ってくる
4 本(ほん)の代金(だいきん)を払(はら)う

2番

1 洗濯物(せんたくもの)の量(りょう)を減(へ)らす
2 洗濯機(せんたくき)が傾(かたむ)いているかどうか確(たし)かめる
3 排水(はいすい)パイプのごみを掃除(そうじ)する
4 使用(しよう)を中止(ちゅうし)して修理(しゅうり)に出(だ)す

3番

1 泡立(あわだ)ちをよくする
2 汚(よご)れを落(お)とす成分(せいぶん)を増(ふ)やす
3 香(かお)りを弱(よわ)める
4 抜(ぬ)け毛(げ)を予防(よぼう)する成分(せいぶん)を増(ふ)やす

4番

1 できるだけタバコを減(へ)らしたい
2 夜更(よふ)かしは避(さ)けたい
3 塩辛(しおから)いものを控(ひか)えたい
4 お酒(さけ)ときっぱり縁(えん)を切(き)りたい

5番

1 田中(たなか)さんに会(あ)いに行(い)く
2 南商事(みなみしょうじ)へ書類(しょるい)を届(とど)けに行(い)く
3 田中(たなか)さんに連絡(れんらく)する
4 書類(しょるい)の間違(まちが)いを訂正(ていせい)する

問題2

問題2では、まず質問を聞いてください。そのあと、問題用紙の選択肢を読んでください。読む時間があります。それから話を聞いて、問題用紙の1から4の中から、最もよいものを一つ選んでください。

1番

1　加工食品を考案する
2　甘みと酸味のバランスを調整する
3　食感を柔らかくする
4　収穫量を安定させる

2番

1　子どもに毒を飲ませること
2　食品に関する管理制度が甘いこと
3　人間性を疑うこと
4　道徳心が欠如していること

3番

1　視聴率の対象になっている人の態度がよくないこと
2　視聴率への信頼性が低いこと
3　視聴率を重視しすぎて、個性的な番組が減ったこと
4　番組の質が高くても視聴率が上がらないこと

4番

1　後期試験だけでつける
2　出席と後期試験でつける
3　後期試験と小テストでつける
4　後期試験と小テストとレポートでつける

5番

1　気がついたらすぐ掃除をすること
2　ゴミを捨てたらお金を取ること
3　町全体を一斉に掃除すること
4　家のまわりに花を置くこと

6番

1　大きなデパートがどうして人を呼ぶのかを分析すること
2　たくさん時間をかけて、取材をしながら調査をすること

3　調査をする前に、何をどんな方法で調査するかよく計画すること
4　調査をしたあと、その結果をよく分析すること

問題 3

問題3では、問題用紙に何も印刷されていません。この問題は全体としてどんな内容かを聞く問題です。話の前に質問はありません。まず話を聞いてください。それから、質問と選択肢を聞いて、1から4の中から、最もよいものを一つ選んでください。

―メモ―

問題 4

問題4では、問題用紙に何も印刷されていません。まず、文を聞いてください。それから、それに対する返事を聞いて、1から3の中から、最もよいものを一つ選んでください。

―メモ―

問題5

問題5では長めの話を聞きます。この問題には練習はありません。

メモをとってもかまいません。

1番

問題用紙に何も印刷されていません。まず話を聞いてください。それから、質問と選択肢を聞いて、1から4の中から、最も よいものを一つ選んでください。

—メモ—

2番

まず話を聞いてください。それから、二つの質問を聞いて、それぞれ問題用紙の1から4の中から、最もよいものを一つ選んでください。

質問1

1 健康診断（けんこうしんだん）
2 体力（たいりょく）テスト
3 どの程度（ていど）の運動（うんどう）に耐（た）えられるかの検査（けんさ）
4 血液検査（けつえきけんさ）や心電図（しんでんず）

質問2

1 健康診断（けんこうしんだん）
2 体力（たいりょく）テスト
3 どの程度（ていど）の運動（うんどう）に耐（た）えられるかの検査（けんさ）
4 血液検査（けつえきけんさ）や心電図（しんでんず）

模擬テスト

第５回

言語知識（文字・語彙・文法）・読解

（110分）

言語知識(文字・語彙)

問題1 ＿＿＿＿の言葉の読み方として最もよいものを、1・2・3・4から一つ選びなさい。

1 人生の道を誤ってはいけない。

1 まちがって　2 ことわって　3 あやまって　4 みならって

2 おれおれ詐欺の手口はどんどん巧妙化している。

1 こうみょう　2 たくびょう　3 こうびょう　4 たくみょう

3 国民の安全を守るため、政府は緊急措置を講じた。

1 そっち　2 そくち　3 そうち　4 そち

4 日本には肩凝りに悩まされている人がとても多い。

1 あおり　2 いり　3 こり　4 にごり

5 資源に乏しい日本は、エネルギー資源のほとんどを輸入に頼っている。

1 むなしい　2 とぼしい　3 ひさしい　4 あやしい

6 暦の上では秋になったが、まだまだ残暑が厳しい。

1 ひよみ　2 ふくみ　3 こよみ　4 しくみ

問題2 (　　　)に入れるのに最もよいものを、1・2・3・4から一つ選びなさい。

7 課長から部長に(　　　)するまでに10年もかかった。

1 昇進　2 進歩　3 上進　4 向上

8 来週の最終(　　　)は会社の重役による個人面談だ。

1 採択　2 採用　3 選考　4 選択

9 長く続いたストレスに(　　　)なくて、体調を崩してしまった。

1 たえられ　2 かなえられ　3 になえ　4 まされ

10 この芝居はギリシャ悲劇を現代風に(　　　)したものだ。

1 デッサン　2 マジック　3 スライド　4 アレンジ

11 10年も使って古くなったソファーを(　　　)しようと思っている。

1 処理　2 処分　3 対処　4 処罰

12 試合は(　　　　)大方の予想通りの展開になった。

1 まして　　2 ひょっと　　3 まさしく　　4 ろくに

13 四川料理には、いろいろな香辛(　　　　)が巧みに使われる。

1 材　　2 料　　3 剤　　4 粉

問題3 ＿＿＿＿の言葉に意味が最も近いものを、1・2・3・4から一つ選びなさい。

14 先生方の熱心なご指導をたまわって感謝を申し上げます。

1 うかがって　　2 いただいて　　3 あおいで　　4 ふまえて

15 衝動買いをしてもうれつに後悔したことがある。

1 ひらたく　　2 せつなく　　3 こまかく　　4 はげしく

16 人気映画「アバター」の切符を求めて、人々が映画館におしよせた。

1 殺到した　　2 混雑した　　3 進出した　　4 集中した

17 命をかける覚悟で、ゆうかんに戦った。

1 せつなく　　2 なさけなく　　3 いさましく　　4 あっけなく

18 ろこつに嫌な顔をしないでください。

1 あからさまに　　2 ただちに　　3 やみくもに　　4 やたらに

19 みんなの前ではつとめて明るく振舞うようにしている。

1 少なくとも　　2 できるだけ

3 だからといって　　4 あくまでも

問題4 次の言葉の使い方として最もよいものを、1・2・3・4から一つ選びなさい。

20 提携

1 週末に子どもを提携して動物園へ行った。

2 お客様に充実したサービスを提携している。

3 両者は業務提携を結ぶことに合意した。

4 役割分担で主人には家事を提携してもらっている。

21 放り出す

1 花粉の季節になるとマスクが放り出せない。

2 カードローン地獄から放り出したい。

3　釣り上げた魚を放り出してやる。

4　やりかけた仕事を途中で放り出すとは。

22　無断

1　無断に薬を飲むと肝臓に負担がかかる。

2　私有地につき、無断駐車はご遠慮ください。

3　顧客の無断な要求をうまく断った。

4　決勝戦で敗れた選手たちは無断の涙を流した。

23　でくわす

1　毎週祖母にでくわしに行くようになっている。

2　初心に戻り、一からでくわしたいと思う。

3　予期できない問題にでくわした。

4　旅行先の空港ででくわしの人に会えなかった。

24　とかく

1　春先はとかく病気になりやすい季節だ。

2　難しく考えないで、とかくやってみてください。

3　とかく私の部屋に入らないでください。

4　駅の周辺にはとかく目立つような建物がない。

25　キャッチ

1　満員バスの中で財布をキャッチされた。

2　防犯用センサーにひっかかって店員にキャッチされた。

3　カメラで奇跡の瞬間をキャッチする。

4　新たな視点で業界全体をキャッチする。

言語知識(文法)

問題5　次の文の(　　　　)に入れるのに最もよいものを、1・2・3・4から一つ選びなさい。

26　初めてこの町を歩いているのに、(　　　　)来たことがあるような懐かしさを覚えた。

1　いつか　　2　いずれ　　3　そのうち　　4　なんとか

27　今回の事故が起きる(　　　　)はじめて、製品の構造上の欠陥が明らかになった。

1　にあたって　　2　にいたって　　3　にわたって　　4　にかぎって

28　単身赴任なんてしないですむ(　　　　)、したくない。

1　ことなら　　2　ものだから　　3　ことだから　　4　ものなら

29　やるべきことはすべてやったので、どんな結果に(　　　　)受け止める。

1　なるには　　2　なるなり　　3　なってまで　　4　なろうと

30　30代になって今さら留学(　　　　)と思っていたが、実際は30歳、40歳になっても会社を辞めて留学している人は結構いるらしい。

1　は否めない　　2　であれ　　3　でもあるまい　　4　が欠かせない

31　日常的にやり取りしていた相手と突然連絡が取れないという状況(　　　　)、自宅に確認に行くしかない。

1　にあっては　　2　をもって　　3　ときたら　　4　たりとも

32　上司の説明には、どうも納得のいかない(　　　　)。

1　ものではない　　2　ものがある
3　ことはない　　4　ことだ

33　砂漠化の影響で、A市からB市までの間、山(　　　　)山に木が1本も生えていない。

1　ならではの　　2　という　　3　があっての　　4　きっての

34　あの遺伝子研究では、惜しくも実験があと一歩(　　　　)失敗してしまった。

1　というもので　　2　ということで
3　というところで　　4　というわけで

35 昨日、エアコンの修理に来た工事屋さんは、技術も（　　　　）、お客様への対応も丁寧だった。

1　さることながら　　2　あいまって
3　かまわず　　4　そこそこに

問題6　次の文の＿★＿に入る最もよいものを、1・2・3・4から一つ選びなさい。

36 親がいつも子どものしつけに ＿＿ ＿＿ ＿★＿ ＿＿ ということをわかってほしい。

1　子どものことを　　2　こそだ
3　厳しいのは　　4　思えば

37 せっかく部長に会議に ＿＿ ＿＿ ＿★＿ ＿＿ と思います。

1　ご意見を聞かせて　　2　からには
3　いただきたい　　4　おいでいただく

38 この辺りは、＿＿ ＿★＿ ＿＿ ＿＿ 覆われ素晴らしい景色に変わる。

1　新緑で　　2　春ともなると
3　木々の　　4　山々が

39 山田さんは恥ずかしがり屋で、好きな人がいても、いつもまだ ＿＿ ＿＿ ＿★＿ ＿＿ しまう性格だ。

1　いない　　2　あきらめて
3　話しかけても　　4　うちから

40 ＿＿ ＿＿ ＿★＿ ＿＿ 大声で叫んでしまった。

1　あまり　　2　念願の大学に
3　合格した　　4　うれしさの

問題7　次の文章の読んで、[41]から[45]の中に入る最もよいものを、1・2・3・4から一つ選びなさい。

以下は、作家が書いた文章である。

昔話の多くは「むかしむかし、あるところに」などという文句から始まる。子どもが小さいころには、何度も話したり読んだりしてやった[41]。仕事で疲れ切って帰ってきたときでも、乗り物に乗っていて窓の外の景色を眺めたいと思っていたときでも、子どもにせがまれたら昔話をして[42]。

だが、同じ話であっても、一所懸命になって心を込めて話せば、素晴らしい反応が返ってきた。目を輝かせて聞き入る姿には、新しいエネルギーを感じ、頼もしい思いをしたものである。次の時代を担っていく世代のひたむきさを見て、明るい前途を予感し、喜んでいた。

そのときの思いが頭に残っているので、自分の子どもをはじめとする、若い人たちに対しては、つい話をして聞かせるという姿勢になる。[43]、自分の経験などを話して聞かせることになるのだが、それは若い人たちにとっては迷惑なことである場合が多い。自分自身に関して昔語りをするのは、それも特に問わず語りであるときは、単なる[44]。

自分にとっては非常に興味があることでも、時代が変わってくれば、その新しい時代の中にいる人には何の感興も催させることはない。同じ時代を生きてきた人に対しては、共感に訴えるところがあるので、懐かしいという[45]。共通の経験がある人たちにとっては「昔のよい時代」でも、世代の異なった人たちにとっては、単に「昔」でしかない。そのような話を若い人に押し付けるのは、昔の人の独りよがりなく繰り言になってしまう。

41
1　ことだ　　2　ものだ
3　わけだ　　4　べきだ

42
1　やりたくてもしかたがなかった
2　やりようがなかった
3　やらなくてはならなかった
4　やろうにもできなかった

模擬テスト第5回

43 1 それでは　2 そこで　3 それなら　4 それに

44 1 押し付けでならない　2 押し付けではない　3 押し付けでしかない　4 押し付けでしかたがない

45 1 思いが押し付けられる　2 思いが消えてしまう　3 思いが強かったものだ　4 思いを起こさせる

読　解

問題8　次の文章を読んで、後の問いに対する答えとして最もよいものを、1・2・3・4から一つ選びなさい。

(1)

信仰とは、神を信ずること、ただそれだけのことである。キリスト教では、この宇宙を創った神は、罪ある者にも罪ない者にも、雨がすべての人の上に公平に降るように、すべてのものの上になんらかの形で働きかけていると解釈するが、その神に対し私たちが信仰を持つと、私たちのものの考え方が転換されるのである。今まで黒いと思っていたものが白く見え、嫌だなと思っていたものに取り組んでみようと思う。信仰は、私たちの考えや挙動を変えてしまう原動力であり、人を新しい角度で支えるものなのである。

46　筆者が考えている「信仰」とは何か。

1　私たちのものの考え方を転換させるものである。
2　私たちの挙動をより正義的にさせる原動力である。
3　人を今までとは違う人に変わらせるものである。
4　罪のないものを何らかの形で助けるものである。

(2)

人の脳は、過去のデータを瞬時に集め、意識的あるいは無意識的に判断を下しています。私たちの感情、思考、行動というのは、すべて脳にインプットされた過去の記憶をベースにして導き出されるものです。たとえば、ビジネスで成功をおさめてきた人の脳には、「成功」の記憶データがインプットされています。スポーツの分野で実績を上げている人の脳にインプットされているのは「勝利」のデータです。したがって、彼らは自分の成功を素直に信じられるし、イヤでもプラス思考になります。疑うことなく自分の才能を発揮でき、そのうえ成功の味を知っていますから、それを再び味わうための努力が苦もなくできてしまうのです。

47　この文章で筆者が一番言いたいことはどれか。

1　人の脳は過去のデータをもとに、判断をくだすという機能がある。
2　人の脳に、「成功」のデータをインプットすると、成功をおさめられる。

3　頭に「成功データ」をインプットし、プラス思考の人は成功する可能性が高い。

4　疑うことなく、自分の才能を発揮できる人は、必ず成功できる。

(3)

「カラスの自動車利用行動」というのは、カラスがクルミ(注1)を道路上に置いて車にひかせ(注2)、割れた中身を食べる行動である。赤信号で停車した車のタイヤの前にクルミを置く行動や、車が通りそうな道路上に前もってクルミを置く行動、走っている車の前に出て行って、停車させ、タイヤの前にクルミを置く行動など、多様な形態がある。筆者は交差点で自分自身が運転していた車の前にクルミを置かれたのがきっかけで、カラスの自動車利用に関心を持った。カラスが上空から木の実を落として割る行動は、以前からよく知られている。しかし、車を利用して割る行動について、いつ、どこで、どんなきっかけで学習され、どのように広まったのか、これまでほとんど知られていない。

(注1)クルミ：核桃

(注2)ひかせる：車輪にものを押し付けて通らせる

48　文章の内容と合っているものはどれか。

1　カラスが自動車を利用してクルミを割って食べる行動は自動車学校にいる筆者から学んだことだ。

2　「カラスの自動車利用」というのはカラスが自動車を停車させ、タイヤの前にクルミを置くことだ。

3　車が通りそうな道路上に前もってクルミを置いて、割れた中身を食べるカラスの行動についての詳しいことはほぼ知られていない。

4　カラスにとって上空から木の実を落として割って食べるより、自動車を利用してクルミを割って食べるほうが便利で楽だ。

(4)

他人が近づいたときのペアの行動を調べるために、実験を行った。実験者は、歩道を歩いているペアを見つけて、二人の間を通り抜けようとして近づいた。そして、ペアがどんな行動をするか観察した。その結果、すべてのペアの61%に、実験者が二人の間を通るのを避けようとする行動が見られた。すなわち、二人が左右に分かれてその間を通らせるのではなく、二人が並んで左右のいずれかに移動したのである。こうした回避(かいひ)行動は男女ペアの83%、女性ペアの62%、男性ペアの38%に観察された。この実験結果から、男女のペアの作る社会空間が最も強固であり、女性同士、男性同士となるにしたがって壊れやすくなることが分かる。

49 文章の内容と合っているものはどれか。

1 実験結果によると、他の人が二人の間を通るのに不快と感じる割合は男女ペアが一番高い。

2 男性ペアに比べて女性ペアのほうが、他人が二人の間を通ることに違和感を強く感じている。

3 他人が二人の間を通ることに対し、男性ペアからは避けようとする傾向があまり見られなかった。

4 実験結果によると、男女ペアが男性ペア、女性ペアに比べ安定感があり、効率も高い。

問題9 次の文章を読んで、後の問いに対する答えとして最もよいものを、1·2·3·4から一つ選びなさい。

(1)

「自分は武器を拾いながら走るのだ」

これはある友人がぽろっと口にした言葉です。私も①そんなふうに生きてきたので、とても共感しました。

誰しも社会に出た時は、何の武器を持たずに素手同然（すでどうぜん）で仕事を始めるわけです。なかには学生時代に起業して、そのまま成功してしまうスーパーマンみたいな人もいますが、たいていの人は、社会へ出て走りながら武器を拾っているのだと思います。

私はスーパーマンではなかったので、高校を卒業後、働きながら大学の夜間部で勉強しました。二十五歳で外資系の会社に入ったときは、超多忙な仕事の合間（あいま）をぬって英会話学校へ通いました。いずれも社会で生きる武器になると思ったからです。

振り返ってみると、働きながら身につけた武器がなかったら、とても今日の私は存在しないでしょう。それほど社会へ出てからたくさんのことを学ばせてもらったのです。

うまく武器を拾える人もいれば、うまく拾えずに立ち往生している人もいます。その差は心がけだと思います。武器が必要だと考え、それを拾う努力をすることが必要なのです。

私の場合は、仕事の選り好みをしなかったことが良かったと思います。

（中略）

②自分が戦う武器はこれから調達するのです。武器の性能を知るためにも、何でも貪欲に引き受ける気概を持ってほしいと思います。

50 ①「そんなふうに生きてきた」とあるが、筆者はどんなふうに生きてきたのか。

1 学生時代に起業して、働きながら大学の夜間部に通っていた。
2 高校を卒業して、面接を受けて外資系の会社に入った。
3 仕事の隙間に英会話を勉強して、英語を身につけた。
4 社会で生きる武器を使って、好きな仕事を選んだ。

51 ②「自分が戦う武器はこれから調達するのです」とあるが、この説明について正しいのはどれか。

1 いつでも必要な武器を拾う努力を怠らないことである。
2 自分が身につけなければならない技能は必ず習得すべきだ。
3 社会に必要とされる技能を身につけるために、仕事の選り好みをするのも仕方がない。
4 今まで学んだことを活かすためには、どんな仕事も貪欲に引き受けたほうがいい。

52 この文章で筆者が一番言いたいことは何か。

1 誰しも社会に出る時は何も持たずに素手同然で仕事を始める。
2 働きながらこの社会で生きるための武器を拾ったほうがいい。
3 若いうちは何でも貪欲に引き受けたほうが自分のためになる。
4 社会に出てから初めていろいろなことを学ぶことができる。

(2)

何でも物事を引き延ばそうとする人がいます。これは仕事を遂行するうえで最悪の癖といって良いでしょう。なぜなら、引き延ばすことで事態がどんどん悪化する一方だからです。仕事というのは、一日早ければ一日儲かります。今日できることを今日のうちに片付けておけば、明日は別のことができます。することがなければ、休養を取って英気を養ってもいいです。

今日やることを明日に延ばすと、明日やるべきことが明後日になる。そうやって引き延ばしているうちに、不可能なことが出てきてしまいます。

仕事には自ずと適正なスピードがあります。そのスピードで処理していれば問題ありません。車の運転と同じで、一定のスピードで走行していないと事故を起こしやすい。①渋滞を招いて他の車に迷惑をかけることもある。会社にとって大きな損失となるばかりか、（　②　）。結局、一番損をするのは自分なのです。

仕事というものは、常に緊急事態のつもりで臨むのが良いと思います。やらなければならないことが確定したら即座に始める。明日で良いことでも、今日できるのなら今日やってしまう。早めに対処することが幸福の扉を開きます。

一生懸命に仕事をした後に飲むビールのうまさを思い出してください。あの爽快感は、その日を精一杯働いた結果、得られるのです。

53 ①「渋滞を招いて他の車に迷惑をかけることもある」とあるが、その意味について正しいのはどれか。

1 自分のスピードが遅すぎると、同僚にも迷惑を与えてしまう。
2 車のスピードが乱れると、ほかの車とぶつかる恐れがある。
3 仕事のスピードは車の走行と同じように、乱れていると、全体に影響を与えかねない。
4 仕事のスピードが速すぎると、同僚にストレスを与えてしまう恐れがある。

54 （ ② ）に入れる言葉として正しいのはどれか。

1 自分も損をするでしょう
2 その人の評価も下がってしまうでしょう
3 自己嫌悪に陥るでしょう
4 会社のイメージも変わってしまうでしょう

55 この文章で筆者が一番言いたいことは何か。

1 仕事は適正なスピードが必要なので自分のペースを守ったほうがいい。
2 仕事を明日に延ばすと、結局自分が損することになる。
3 仕事はいつも緊張感をもってスピーディーに処理するべきだ。
4 仕事を最後まで引き延ばし、会社に迷惑をかけてはいけない。

(3)

良好な人間関係を手に入れるのは大切だが、だからといって、すべての人を観察し、気持ちを読もうとしたら大変だ。自分に関わりのある人全員と深い関係を築くのは不可能だし、その必要もない。

では、どういう人を観察して、深く付き合うべきなのだろうか。それはじつは簡単で、疲れる人、合わないなと思う人とは、そんなに深く付き合おうとすることはない。

仕事上のキーマンであったり、嫌なやつでもいろいろと教えられるところがあったりという理由で、とりあえず付き合っておいたほうがいいケースは別として、会って疲れる人と無理に深く付き合おうとする必要はない。

①「共感」というのはギブ・アンド・テイクだが、何となくシンクロするところを感じる、波長（はちょう）が合（あ）うという人は、相手の心を読んでいても疲れない。むしろ自然と相手の気持ちを読んで行動できる。

なぜこんなことをわざわざ言うかというと、意外と日本人にはあらゆる人に気を遣って、相手の気持ちを考えすぎて、疲れきってしまう人がまだまだ多いからだ。相手の気持ちを読むことは大切だが、それも無理をしてしまうと自分自身の心理的な健康を害することにつながって、本末転倒な結果となる。

疲れてしまうことを、無理にしようとしないという考え方は、生き方の基本の一つとも言える。

56 ①「『共感』というのはギブ・アンド・テイクだ」の説明として正しいのはどれか。

1 共感とは相手のしていることを理解し、全力で支えてあげたい気持ちである。

2 共感とは一方的に押し進めるのではなく、協力しあって物事を完成しようとする気持ちである。

3 共感とはなんとなく双方に相通ずる気持ちのことである。

4 共感とは相手の意見や主張に賛成し、その人の味方になりたいという気持ちである。

57 相手の気持ちを読むことについて、筆者はどう考えているのか。

1 自分に関わりのある人であれば、気持ちを読んでいても疲れない。

2 日本人と付き合う場合、相手の気持ちを読んでから行動したほうがいい。

3 相手の気持ちを読むことに疲れてしまうなら、無理をしないほうがいい。

4 相手の気持ちを読むのは、人間関係を築くのに欠かせないものだ。

58 この文章で筆者が一番言いたいことは何か。

1 会って疲れる人とは付き合わないほうがいい。

2 人間関係において無理をする必要はない。

3 自分と気が合わない人とは付き合わなくてもいい。

4 相手の気持ちを考えるより、自分のやりたいことをやるべきだ。

問題10 次の文章を読んで、後の問いに対する答えとして最もよいものを、1・2・3・4から一つ選びなさい。

わたしたちは、物理的にも非物理的にも多様な「しきり」を行っている。ここでは、それらにかかわる空間的・時間的しきりを見ておきたい。まず、空間的しきりから検討してみよう。

たとえば、朝夕の満員電車の中では、理不尽なことにわたしたちは見ず知らずの他人と身体を接触させざるを得ない状態を強いられている。

通常、わたしたちは、距離(空間)がとれるものであれば、見知らぬ他人とはかならず一定程度離れたところに身体を置く。空間的に他者とのしきりを無意識につくっているのである。そのしきりは、おそらく動物的な行動としてあると思われる。たとえば、レストランに入ると、席を見回す。できるだけ、気持ちのいい席を探して目で確認する。その条件は、かなり複雑かもしれない。窓からの眺め、通路の人通り、そして間違いなく他人の席との距離を求める。この距離は他人との「しきり」である。

①こうした、わたしたちに備わっているプリミティブ(注)なしきり感覚を満員電車の空間は、圧倒的な力で消失させてしまうのである。

同じ電車でも特急などのように、指定席がある場合、そこは自由席とは異なって、定員を超過して人が詰め込まれることはない。指定席があれば、もちろん座席に座って移動できるということが最大のメリットであるが、同時に、定員を超過しない、つまり他人との距離がある程度確保できるということもまた、快適さを保証してくれる。いわゆるグリーン車の場合、座席がゆったりとして、身体を伸ばすことができ、くつろぐことができる。また同時に、他人との個体間距離が広がることが、快適さにつながる。②これが、列車の個室であるから、他人との空間をともにすることなく、完全に距離を保てる。快適このうえない。航空機の座席でも同様のことがいえる。空間をとることが、身体にくつろぎを与えると同時に、他者とのしきりを生んでくれる。③このしきりの感覚にこそ、人々は、特別料金を払っているのではないか。

満員電車の中で、わたしたちは身体を接する④他人との距離を物理的にとれないとなると、非物理的にとることを考えはじめる。たとえば、目をつぶることで、視覚的に現状を消し去ろうとする。わずかに車窓からそとの風景が見えれば、それを眺める。考えごとをする。新聞を広げる空間はないので、小さな本がよめればそれを読む。とにかく、現状を遮断しようとつとめる。ウォークマンのようなヘッドフォン・ステレオの出現は、室内空間に固定されることなく音楽や音を室内から自在に引き離し、わたしたちに新しい感覚や意識をもたらした。と同時に、満員電車の中で、音の異空間を与える装置ともなった。携帯電話が登場してからは、携帯電話もまた、異空間を与えるものとなっている。電車の中で、携帯電話のメールを送受信することで、たちまちメディア空間の中に入っていける。

(注)プリミティブ：原始的な様、また素朴な様

59 ①「こうした、わたしたちに備わっているプリミティブなしきり感覚を満員電車の空間は、圧倒的な力で消失させてしまうのである」とあるが、消失したのは何か。

1　満員電車の中の空間

2　圧倒的な力

3　私たちに備わっている全ての感覚

4　他人とのしきり感覚

60 ②「<u>これが</u>」とあるが、「これ」は何を指すか。

1　快適さ　　　　2　列車の個室

3　グリーン車の座席　　　　4　他人との個体間距離

61 ③「<u>このしきりの感覚にこそ、人々は、特別料金を払っているのではないか</u>」とは、どういうことか。

1　人々は列車でも自分の生活習慣を維持するために、特別なお金を払っている。

2　人々は自分の個人的空間を保つために、特別なお金を払っている。

3　人々はほかの人とは違う一種の感覚を体験するために、特別料金を払っている。

4　人々は個々人が所有する特別なもののために、特別料金を払った。

62 ④「<u>他人との距離を物理的にとれないとなると、非物理的にとることを考えはじめる</u>」とあるが、「非物理的にとること」とはどういうことか。

1　満員電車以外の空間

2　個人の社会的空間

3　ひとりで楽しめるネット空間

4　周りの人々の存在を忘れられる異空間

問題11　次のAとBの記事を読んで、後の問いに対する答えとして最もよいものを、1・2・3・4から一つ選びなさい。

A

「ハルキをめぐる〝狂騒〟」はどこまでいくのか。そんな表現もオーバーではないほど作家、村上春樹の名前がメディアで飛び交っている。5年ぶりの長編「1Q84」はベストセラーとなり、彼の名を世界に広めた「ノルウェイの森」の映画化（10年公開）もホットな話題だ。そのさなか、「東アジアが読む村上春樹」（若草書房）が刊行された。本を編集した藤井省三東大教授によると、20世紀において東アジアに巨大な影響を与えた作家は魯迅と村上春樹だという。この本は東アジアに対する村上文学の影響を明らかにするため、2005年から中国大陸、中国香港、中国台湾、シンガポールの中国語圏と、韓国、アメリカ、日本の研究者や翻訳者11人が共同研究を行った。その成果を2008年11月、東京大で開かれたシンポジウムで発表し、それを論文集にまとめたものだ。

B

> 新潮社は9日、5月29日に発売した村上春樹さんの長編小説「1Q84」が1、2巻とも50万部を超えたと発表した。9日に両巻とも5万部ずつ増刷し、1巻56万部、2巻50万部となり、発売からわずか12日間で計106万部となった。出版科学研究所によると、「純文学の単行本としては近年で最短ペース」の「100万部超え」という。
>
> 「1Q84」で引用された書籍にも波及効果が表れている。
>
> その一つがチェーホフの「サハリン島」、岩波書店は、品切れになっていた岩波文庫（中村融訳）を1500部増刷すると決めた。1953年発行、2004年に6刷が出て売り切れていた。緊急増刷でもあり、旧仮名遣いで漢字も初版の表記のままだ。今週末から週明けにかけて店頭に並ぶ予定。

63 AとBのどちらの記事にも触れられている内容はどれか。

1 村上春樹の新書で引用した作品の名前
2 村上春樹が20世紀の東アジアの文壇に与えた影響
3 村上春樹の新書「1Q84」を読んだ読者の反響
4 新書発表によって巻き起こった新たな「ハルキ」ブーム

64 AとBの記事に関する内容について、正しいのはどれか。

1 2005年に出版された「東アジアが読む村上春樹」は東アジアにおける村上春樹の影響力を明らかにしたものだ。
2 「1Q84」は日本史上で最短ペースで売り上げ「100万部を超えた」文学類の書籍である。
3 有名な小説「ノルウェイの森」は映画化され公開される予定だ。
4 「1Q84」はチューホフの「サハリン島」の波及効果で増刷が決まった。

65 「村上春樹」について述べた内容として、記事と合っているものはどれか。

1 「ノルウェイの森」という作品の映画化により、村上春樹は世界で有名になった。
2 村上春樹の新しい長編小説「1Q84」は新潮社によって出版された。
3 「1Q84」が出版された後、村上文学の東アジアに対する影響をテーマとするシンポジウムが行われた。
4 岩波文庫発行の新書「サハリン島」も「ハルキ」ブームに乗って、売り上げを伸ばしている。

問題12　次の文章を読んで、後の問いに対する答えとして最もよいものを、1・2・3・4から一つ選びなさい。

私たちは、すぐに「時間を損した」「時間を得した」という。高速で高額の交通手段を利用するとき、わたしたちは「時間を買う」という表現すら用いるようになっている。

この問題を考えるとき、重要なヒントとなるのが「時間」と「とき」との区別である。この区別は、英語にはない。いや、ないというより、「time」という語のなかで混じり合っていて見分けがつかない。

第一に、①「とき」と「時間」とでは、明らかに響きが違う。「とき」はやまとことばで、濃淡のあるやわらかな縁どりをかんじさせ、「時間」は漢語であって、かちっとした明確な輪郭を感じさせる。「とき」は、漢字で「時」と書くよりも、ひらがなで「とき」と書くほうが似つかわしく、逆に、「時間」はかな書きでは締まらない。「とき」には、個人的な親しみがこもっているといえばよいのだろうか。これに対して、「時間」は社会的な機能を前面に押し出す。

では、もっとはっきりした意味の差は、現れてこないだろうか。これを見るには、「時間がない」という表現を考えるのが一番の近道である。

「時間がない」と表現するのに、「ときがない」とはいわない。②ここに「時間」と「とき」との端的な意味の差が現れる。「時間」は計量思考に基づく概念であるので、それが減ったり、不足したり、なくなったりするのだと気づく。

逆の場合も考えてみよう。「時間をもてあます」というのに、「ときをもてあます」とはいわない、という対立が見られる。「時間」は、計量思考に基づいているので、必要以上の単位は、余りとして放り出される。そして、その使い道が分からないとき、「時間をもてあます」ということが起こる(「使い道」というのも、「時間」を「お金」と見立てるメタファー(注))。「とき」にはもともと単位と呼べるようなものはなく、従って計量思考にも乗らず、その結果「もてあます」ということも起こらない。(中略)

私たちが手にするのは、その弾性豊かな「とき」ではなく、しばしばいまなお計量思考に縛られた「時間」の方であるのかもしれないから。③「自由時間」という名の不自由な「時間」——。「自由時間」が、もし人を拘束する連続的な時間の谷間にしつらえられた小さな隙間のことであるなら、それは「拘束されていない時間」という消極的・否定的な時間のことでしかないだろう。断片的とならざるを得ない時間。それは単に与えられた時間であり、間もなく拘束される時間のことである。

(中略)

「時間」の世界では＜する＞という行動原理支配的であるのに対し、「とき」の世界では、＜なる＞という心構えが重要だと思う。不断に注視しながら＜なる＞のを待つ。積極的に＜なる＞のを待つ。④「とき」は、ゆっくりと成長するいのち。いのちは＜なる＞

ものである。これから「時間」に対する「とき」のメタファーを、すこしずつ、ゆっくりと育てていくことができるかもしれない。

（注）メタファー：比喩

66 ①「『とき』と『時間』とでは、明らかに響きが違う」とあるが、その違いについて正しいのはどれか。

1 「とき」はくっきりとした輪郭を感じさせ、「時間」は柔らかく感じさせる。
2 「とき」は柔らかく感じさせ、「時間」はくっきりとした輪郭を感じさせる。
3 「とき」は平仮名で書けないが、「時間」は漢字の形にふさわしい。
4 「とき」は漢字の形にふさわしいが、「時間」は平仮名で書けない。

67 ②「ここに『時間』と『とき』との端的な意味の差が現れる」とあるが、「時間」と「とき」の「意味の差」とは、どういうものか。

1 「時間」は計量思考のもと、管理や拘束という社会的機能を持っているのに対し、「とき」は私たちを管理や拘束から解放し、個人的親しみを持たせるものである。
2 「時間」は質より量を重視し、使い道の多さを問題とするのに対し、「とき」は量より質に重さを置いて、時間単位に区切り得るものなのである。
3 「時間」は計量思考を基にして、必要以上の「時」の余りが放り出されるものであるのに対し、「とき」は「時」の余りを個人的に有効利用し、再生産するものである。
4 「時間」は外在的に、私たちを束縛、解放できる個人的な性質のものであるのに対し、「とき」は内在的に、私たちを管理、拘束できる社会的な性質のものである。

68 ③「『自由時間』という名の不自由な『時間』――」とあるが、一見自由であるにもかかわらず、「不自由な時間」とはどういうことか。

1 「時間」をお金に換算し、より多くの金を儲けようと欲張った結果、かえって金銭的に追いつめられてしまうということ
2 連続的な「時間」の隙間の中の自由と名のつく「時間」であって、管理から逃れられない枠内の、消極的な時間ということ
3 時間と時間との小さな隙間に追いつめられることによって、身動きできずに、自由を失ってしまった「時間」ということ
4 自由な時間を得ることは、責任が伴うので、最終的にはその責任のために拘束される時間を過ごすことになるということ

69 ④「『とき』は、ゆっくりと成長するいのち」とあるが、ここに込められた筆者の気持ちとして、正しいものはどれか。

1 「時間はお金である」という現代社会の価値観は捨てたほうがいいという気持ち

2 固い漢語表現の「時間」より、やまとことばの「とき」はより柔らかく、親しみやすいという気持ち

3 「とき」や「いのち」ということばで人々の想像力を喚起させ、もっと「時間」を大切に扱いましょうと宣伝したい気持ち

4 生活を計量思考に縛られた「時間」と見るのではなく、「いのち」としての「とき」とみなすべきだという気持ち

問題13 次は、ある旅行会社の旅行案内である。下の問いに対する答えとして最もよいものを、1・2・3・4から一つ選びなさい。

70 大人二人が子ども一人を連れて、4月5日(月)に出発する場合、いくら払うか。

1 72,000円　　2 61,000円

3 67,000円　　4 56,000円

71 このツアーの内容に合っているものはどれか。

1 三日間のうち、下車観光と入場観光の場所はそれぞれ5ヶ所と4ヶ所になる。

2 桜が咲く時期は毎年異なるので、桜の開花が遅れた場合、旅行を中止することになる。

3 このコースは出発日の一週間前に申し込まなければならないが、その日が休業日の場合、次の日に延ばすことになる。

4 大人一人と子ども一人が一緒に行く場合、このコースに申し込むことはできない。

京都の春を楽しむ旅

出発地	東京
目的地	京都府·奈良県
旅行日数	二泊三日
旅行期間	202X/03/28～202X/04/15
ツアー特徴	① 奈良·京都の桜名所を3日間かけてじっくり堪能 ② 2日目の吉野山ではたっぷり180分散策
申し込み期限	出発日7日前まで販売を行っております。 ※上記が休業日の場合、その前の営業日までとなります。
利用交通機関	新幹線、専用バス
旅行料金(単位：円)	①金曜出発：28,800(14,400)　②土日出発：26,800(13,400) ③月·水出発：24,800(11,400)　④火·木出発：22,800(10,400) ※(　)内は子ども料金
備　考	①受付最少人員/大人2名様 ②ご出発の20日前を過ぎてからのご予約はその後の変更、取消に手数料が生じますのでご注意ください。 ③出発日の二週間前に10人に満たない場合、旅行を中止する場合があります。 ※桜の開花時期は天候等により毎年異なりますので、桜が咲いていない場合は各地の景勝をお楽しみ下さい。
日　程	一日目：東京駅－(新幹線)－名古屋駅＝◎室生寺＝◎長谷寺＝橿原(泊) 二日目：橿原＝○吉野山｛千本桜自由散策｝＝◎清水寺＝○円山公園｛祇園枝垂桜｝＝京都市内 三日目：京都市内＝◎醍醐寺｛五重塔｝＝○上賀茂神社＝○嵐山·嵯峨野自由散策＝京都駅－(新幹線)－東京駅 ※○印の箇所は下車観光、◎印の箇所は入場料金を含む入場観光

模擬テスト

第 5 回

聴　解

（55分）

問題1

問題1では、まず質問を聞いてください。それから話を聞いて、問題用紙の1から4の中から、最もよいものを一つ選んでください。

1番

1　今日、テレビを買って持って帰ります
2　1週間後に新しいテレビと交換します
3　1週間待って、新しいテレビを買います
4　テレビを買うのをあきらめます

2番

1　薬を飲んで寝るように
2　前日の夜早寝するように
3　乗る前に何か食べるように
4　バスに乗ったら寝るように

3番

1　このままにする
2　休会する
3　退会する
4　退会して再入会する

4番

1　スピーチを録音します
2　スピーチの原稿を直します
3　スピーチの原稿を送ります
4　先輩に原稿をチェックしてもらいます

5番

1　発注書通りに商品を再度用意して送ります
2　発注書通りに商品を再度用意して持っていきます
3　Mサイズの足りない分を送ります
4　Mサイズの足りない分を持っていきます

問題2

問題2では、まず質問を聞いてください。そのあと、問題用紙の選択肢を読んでください。読む時間があります。それから話を聞いて、問題用紙の1から4の中から、最もよいものを一つ選んでください。

1番

1　ガソリン車より安いから
2　振動も騒音も少なくて快適だから
3　長距離走行できるから
4　環境にやさしいから

2番

1　屋根が軽いガラス繊維でできているから
2　内部の空気圧が外部の空気圧より高いから
3　東京ドームが空気袋になっているから
4　外部の空気圧が内部の空気圧より高いから

3番

1　部屋に本を置くスペースがないから
2　持ち運びが便利だから
3　無料で試し読みができるから
4　機能が多いから

4番

1　居眠り運転をしないこと
2　脇見運転しないこと
3　ドライバー自身がしっかり注意すること
4　機械に頼りすぎないこと

5番

1　主役が演技力に欠けていたから
2　台詞が間違いだらけだったから
3　脚本があまりよくないから
4　台詞が一本調子だったから

6番

1　会社には佐藤さんしか社員がいないから
2　出張のことを前に話してあったから
3　今まで佐藤さんが直接交渉していたから
4　木村係長の代わりとして適任だったから

問題3

問題3では、問題用紙に何も印刷されていません。この問題は全体としてどんな内容かを聞く問題です。話の前に質問はありません。まず話を聞いてください。それから、質問と選択肢を聞いて、1から4の中から、最もよいものを一つ選んでください。

—メモ—

問題4

問題4では、問題用紙に何も印刷されていません。まず、文を聞いてください。それから、それに対する返事を聞いて、1から3の中から、最もよいものを一つ選んでください。

—メモ—

問題5

問題5では長めの話を聞きます。この問題には練習はありません。

メモをとってもかまいません。

1番

問題用紙に何も印刷されていません。まず話を聞いてください。それから、質問と選択肢を聞いて、1から4の中から、最もよいものを一つ選んでください。

—メモ—

2番

まず話を聞いてください。それから、二つの質問を聞いて、それぞれ問題用紙の1から4の中から、最もよいものを一つ選んでください。

質問1

1　表裏(ひょうり)一体(いったい)で、少(すこ)し堅(かた)い性格(せいかく)
2　穏(おだ)やかで、落(お)ち着(つ)いた性格(せいかく)
3　明(あか)るく親切(しんせつ)な性格(せいかく)
4　表(おもて)と裏(うら)のある性格(せいかく)

質問2

1　表裏(ひょうり)一体(いったい)で、少(すこ)し堅(かた)い性格(せいかく)
2　穏(おだ)やかで、落(お)ち着(つ)いた性格(せいかく)
3　明(あか)るく親切(しんせつ)な性格(せいかく)
4　表(おもて)と裏(うら)のある性格(せいかく)

模擬テスト

第６回

言語知識（文字・語彙・文法）・読解

（110分）

言語知識（文字・語彙）

問題1 ＿＿＿＿の言葉の読み方として最もよいものを、1・2・3・4から一つ選びなさい。

1 学歴を偽って入社した社員の正体が明らかになった。

1 そなわって　2 いつわって　3 まじわって　4 いたわって

2 戦後、日本は奇跡的な経済復興を成し遂げた。

1 ふっこう　2 ふくぎょう　3 ふっきょう　4 ふくごう

3 菜の花の黄色が夕日に映えてとてもきれいだ。

1 さえて　2 すえる　3 なえて　4 はえて

4 この北欧風の洋館は緑あふれる広大な敷地にたたずんでいる。

1 おきち　2 ふきち　3 しきち　4 はきち

5 そういう話は聞くのも汚らわしい。

1 けがらわしい　2 きたらわしい　3 よごらわしい　4 まぎらわしい

6 道の傍らに通行止めの看板が立っている。

1 ほかわら　2 かたわら　3 たまわら　4 むぎわら

問題2 （　　　）に入れるのに最もよいものを、1・2・3・4から一つ選びなさい。

7 教えてもらうより、（　　　）錯誤しながら自分でやるのが楽しい。

1 実験　2 施行　3 代行　4 試行

8 最近、よく夜に頭が（　　　）しまって眠れなくなる。

1 すえて　2 ひえて　3 さえて　4 そえて

9 株価、地価の暴落はバブル（　　　）の始まりだった。

1 崩壊　2 失敗　3 破滅　4 破壊

10 今日は風がないので、（　　　）暑く感じる。

1 まんざら　2 なおさら　3 いまさら　4 ひたすら

11 （　　　）な理由のない返品の場合にはお受けいたしかねます。

1 正確　2 明確　3 不当　4 正当

12 春風がほおを(　　　　)とても気持ちがいい日だ。

1　さわって　　2　なでて　　3　とおって　　4　なめて

13 彼は物流業界の風雲(　　　　)として注目を浴びている。

1　人　　2　物　　3　児　　4　者

問題3　＿＿＿＿の言葉に意味が最も近いものを、1･2･3･4から一つ選びなさい。

14 動物には地震予知の能力がそなわっているそうだ。

1　身につけている　　2　身にあまっている

3　身についている　　4　身になっている

15 さっと一陣の風が吹いて雨が降り出した。

1　きゅうに　　2　さらに　　3　だんだん　　4　しずかに

16 今回のアンケート調査結果をふまえてサービスの改善を図る。

1　きっかけとして　　2　根拠として

3　参考にして　　4　事実として

17 気長にしんぼうづよく、こつこつ続けていけば必ず成果が出る。

1　力強く　　2　心強く　　3　我慢強く　　4　気強く

18 わずかな環境の変化でも、びんかんに反応する。

1　かすかに　　2　にぶく　　3　おそく　　4　するどく

19 中小企業の景気回復のきざしを垣間見ることができる。

1　兆候　　2　具合　　3　予測　　4　速度

問題4　次の言葉の使い方として最もよいものを、1･2･3･4から一つ選びなさい。

20 指図

1　パリは初めてなので指図を頼りに街を歩く。

2　人から指図を受けるのが何より嫌いで独立を考えている。

3　わかりやすい指図による解説は理解を助けてくれる。

4　主審が笛を吹いて試合開始の指図をする。

21 怯える

1　子どもがパパの怒鳴り声に怯えて、わっと泣き出した。

2　病気になるとだれでも怯えになる。

3　失敗に怯えないでチャレンジを続けることだ。

4　数学にかけてはクラスの誰にも怯えない。

22　上昇

1　田村は同期の中で一番早く課長に上昇した。

2　生命科学は近年著しい上昇を遂げた。

3　いくら練習を繰り返しても上昇になれない。

4　地球温暖化で海面が上昇を続けている。

23　交える

1　新しい機種の携帯電話に交えようと思っている。

2　討論会でみんないろんな意見を交えた。

3　私情を交えずに公平で客観的な評価を行うべきだ。

4　少しずつ手を交えて自分らしく暮らせる部屋作りを楽しむ。

24　げっそり

1　授業中にげっそりとゲームをしたことがある。

2　入院中のおばあちゃんはげっそりと痩せてしまった。

3　できないことはげっそり断らないと結果的に大きな減点になってしまう。

4　今朝霧が濃くて外に出たら髪の毛がげっそりになった。

25　カテゴリー

1　カレーと言ってもいろいろなカテゴリーがある。

2　試験には出題カテゴリーを超える問題も出題される。

3　カテゴリーなど頼らず、自分の足と目だけを頼りに旅をする。

4　日本語では待遇表現が文法カテゴリーとして体系化している。

言語知識（文法）

問題5　次の文の（　　　　）に入れるのに最もよいものを、1・2・3・4から一つ選びなさい。

26　西村選手は腰のけがで長く休養しているが、（　　　　）そのまま引退するかもしれない。

1　たしかに　　2　さすがに　　3　もしかしたら　　4　あくまでも

27　海外転勤という会社辞令に背こうものなら（　　　　）。

1　首にされたくはない　　2　首にされるにあたらない

3　首にされるにかぎる　　4　首にされかねない

28　新商品の機能開発は完了したが、使い勝手の部分ではまだ満足（　　　　）水準に達していない。

1　による　　2　にたる　　3　にたえない　　4　に準じる

29　今はどれだけお互いに離れて（　　　　）、インターネットで簡単に連絡が取れる時代だ。

1　いようとも　　2　いるだけに　　3　いることとて　　4　いようにも

30　バーゲンセールでただ安いからといってすぐ飛びつくと、（　　　　）。

1　かなり得をするだろう　　2　かならずしも損ではない

3　損にも得にもならないものだ　　4　かえって損をすることもある

31　主演映画のヒット（　　　　）、彼女はコマーシャル、ドラマ、ミュージカルなど様々な分野で活動の場を広げている。

1　をかわきりに　　2　をはじめとする

3　を中心にして　　4　をかぎりに

32　歯ブラシなどの日常用品はやはり（　　　　）ものがいい。

1　使いつけた　　2　使いすてた

3　使いはたした　　4　使いこなした

33　課長ときたら、こちらの釈明を聞き（　　　　）、一方的に怒るんだから困ったもんだ。

1　こそすれ　　2　ことなしに

3　にかまけて　　　　4　もしないで

34 十年ぶりに復帰した人気歌手のコンサート(　　　　)、席は早々と埋まっていった。

1　とばかりに　　2　ごとく　　3　とあって　　4　とすると

35 みんなの前でミスを指摘して恥をかかせる(　　　　)。

1　にかぎったことではない　　2　にかかせない

3　なりなんなりだ　　4　なんてあんまりだ

問題6　次の文の　★　に入る最もよいものを、1·2·3·4から一つ選びなさい。

36 景気は回復に ＿＿＿ ＿＿＿ ＿★＿ ＿＿＿ とのことだ。

1　ように見えたが　　2　続く

3　厳しい状況が　　4　向かっている

37 コンテストに入選した作品はホームページで発表されるから、わざわざ ＿＿＿ ＿＿＿ ＿★＿ ＿＿＿。

1　調べて　　2　までもない　　3　誰かに　　4　もらう

38 あの自動車メーカーは去年赤字になったのは事実だが、それは ＿＿＿ ＿＿＿ ＿★＿ ＿＿＿ が大きい。

1　からではなく　　2　によるところ

3　海外進出での失敗　　4　原材料や人件費が上昇した

39 デパートのバーゲンで買ったもので、＿＿＿ ＿＿＿ ＿★＿ ＿＿＿ よ。

1　からといって　　2　ともかぎらない

3　品質が悪い　　4　安い

40 A「さっき森さんとけんかしたでしょう?実は森さんはあのこと知らなかったよ。」

B「えっ、本当?早く ＿＿＿ ＿★＿ ＿＿＿ ＿＿＿。森さんに謝らなきゃ。」

1　よかった　　2　言って　　3　のに　　4　くれれば

問題7　次の文章の読んで、［ 41 ］から［ 45 ］の中に入る最もよいものを、1·2·3·4から一つ選びなさい。

以下は、作家が書いた文章である。

現在は、平和で豊かな時代となり、仕事を強要されることがなくなってしまいました。［ 41 ］現代において、懸命に働くことをせず、怠惰に生きることが、人生に何をもたらすのかということを、改めて真剣に考えるべきです。

たとえば、あなたが宝くじにあたって、一生、遊んで暮らせるだけの大金が手に入ったとしましょう。しかし、その幸運が本当の幸福を［ 42 ］、必ず気づくはずです。

目標もなく、働くこともせず毎日遊んで暮らせる。そのような自堕落な生活を長年続ければ、人間として成長する［ 43 ］、きっと人間としての性根を腐らせてしまうことでしょう。［ 44 ］、家族や友人などとの人間関係にも悪い影響を与えることでしょうし、人生で生きがいややりがいを見つけることも難しくなると思います。

安楽が心地よいのは、その前提として、労働があるからにはほかならない。毎日、一生懸命に働き、その努力が報われるからこそ、人生の時間がより楽しく貴重に感じられるのです。

懸命に働いていると、その先に密やかな喜びや楽しみが潜んでいる。ちょうど長い夜が終わり、夜明けのときが訪れるように、喜びや幸福が苦労の向こうから姿を現してくる、それが、労働を通じた［ 45 ］。

41　1　この　　2　どんな　　3　そのような　　4　それが

42
1　もたらしてもらうはずということに
2　もたらしてくれるものではないことに
3　もたらしてもらうべきだということに
4　もたらしてくれるのみではないことに

43
1　ことができることもあって　　2　こともできない始末で
3　ことができるはずなのに　　4　こともできないどころか

44
1　そうすれば　　2　いずれにせよ
3　どうしても　　4　そういえば

模擬テスト第6回

45 1 人生の姿というものなのです　2 人生の姿だとのことです

3 人生の姿だとは言えないです　4 人生の姿というものでもないです

読　解

問題8　次の文章を読んで、後の問いに対する答えとして最もよいものを、1・2・3・4から一つ選びなさい。

(1)

世の「名人」と呼ばれる、それぞれの分野の頂点を極めた達人たちも、おそらくそのような道程(みちのり)をたどったにちがいありません。労働とは、経済的価値を生み出すのみならず、まさに人間としての価値をも高めてくれるものであるといってもいいでしょう。したがって、何も俗世を離れなくても、仕事の現場が一番の精神修養の場であり、働くこと自体がすなわち修行なのです。日々の仕事にしっかり励むことによって、高邁(こうまい)な人格とともに、すばらしい人生を手に入れることができるということを、ぜひ心にとめていただきたいと思います。

46　筆者の考えに合うのはどれか。

1　経済的な価値を生み出すことができる人間が名人になる。
2　働くこと自体が修行なので、いい人生が手に入るまで頑張るしかない。
3　働くことは人間としての価値を高めてくれるから、仕事に取り組むべきだ。
4　名人と呼ばれる人は、しっかり働かなくてもいい人生を手に入れることができる。

(2)

ぼくの家に五匹も六匹もネコがいたころ、春や秋の日曜日の昼には、庭の奥でバーベキューをすることがよくあった。するとまもなくネコたちはみんな家の中から出てきて、ぼくらのいる庭の隅にやってくる。けれどイヌのようにぼくらの足もとに寄ってくるわけではない。近くの物置の上や塀の上に、てんでに座り込んだり、ねそべって、ぼくらのほうを見ている。そして、とても満足そうな顔をしているのだ。

彼らは人間といっしょにというか、人間の近くにいたいのである。だからぼくらが留守中のネコの世話を近所の知り合いに頼んで二日ばかり旅行に出かけようとしていると、非常に不安そうな様子になる。ぼくらの気配で何か察知しているとしか思えないのである。

47 筆者が考えるネコとはどのような動物か。

1 寄っては来ないが、飼い主の家族と一緒にいることで満足する動物である。
2 人と一緒にいることに幸せを感じ、飼い主の命令に従う動物である。
3 家族のいうことを理解することができる、とても頭のいい動物である。
4 イヌほど命令に従わず、何を考えているかわからない飼いにくい動物である。

(3)

「出口にエサを置いた迷路」にネズミを放すと、ネズミは試行錯誤を繰り返しながら、最後にエサに到達します。

そのネズミを再び同じ迷路に入れると、今度は前よりは試行錯誤の回数が少なくなり、短時間で出口にたどり着きます。こうした実験を何度か重ねるうちに、ネズミは脇道に入り込んだり、逆戻りすることなく、たちどころにエサのある出口に到達できるようになります。

ただ、もし迷路にエサがなかったら、このような学習記憶は当然起こりません。エサが食べられる喜び、快感がネズミの脳を活性化し、学習能力を高めるのです。

48 この文章で筆者が一番言いたいことはどれか。

1 ネズミも人間と同じように、迷路遊びができる。
2 ネズミは試行錯誤を経て、迷路の道順を覚えることができる。
3 ネズミはエサを与えられると、脳が活性化し学習能力が上がる。
4 ネズミは、動機付けを与えることによって、学習記憶を呼び起こすことができる。

(4)

世の中には、「なんでこんな男がモテるんだ？」と思えることはしばしばある。だが逆に、「なぜ、この男が嫌われるのだろう？」と疑問に思うようなことは少ないのだ。つまり、女性が嫌うタイプというのは、男にも納得ができるものだ。ということは、女性に嫌われるようなタイプの男は、会社でもあまり好かれないと考えたほうがいい。異性の見方というのは、一般に同性の見方よりもずっと厳しいものだ。だから、異性に嫌われない話し方ができれば、まず同性に嫌われることはないと言っていい。

49 文章の内容と合っているものはどれか。

1 女性に持てるようなタイプの男性は、会社でも好かれるタイプである。
2 異性に嫌われない人は、同性にも好まれると推測できる。
3 一般的には、異性の見方は同性よりずっと厳しい。
4 同性に嫌われない話し方ができる人は、異性にも嫌われない。

問題9　次の文章を読んで、後の問いに対する答えとして最もよいものを、1・2・3・4から一つ選びなさい。

(1)

モノを大切にしながらすっきり暮らすには、買う量を減らすことです。

「品質がいいのに随分お買い得だわ」というように、シーズン末期のバーゲンセールでは、シーズンはじめの定価の半額以下で売られるものが少なくありません。はじめの値段より大幅に値引きされていると、何か得した気分になって、少し気に入らないところがあっても妥協して買ってしまいがちです。こうした、「わあ、安い」と思って買ったものが、本当に好きで気に入って買うのならば、まさしくお買い得ですが、品質の割りに値段が安くても、あまり気に入らないものだと着ないことになりがちです。①賢く買ったつもりで、かえって浪費したことになります。安い値段で買ってもいいのは品質が良い消耗品だけ、そうでないものは厳しくチェックして本当に好きか必要か、吟味してから買いましょう。

それでは値段の高いものはすべていいものでしょうか。前にも言ったように、流行のものは高くてもそれほど質がよくないことがあります。日本の女性はルイ・ヴィトンなどの高価なブランド品のお得意さんとして有名ですが、あまりにも多くの人が持っていますし、自分のセンスに自信がなくてブランド物に頼っているようで、本当におしゃれな人や品格のある人は持ちません。自分の生活や必要に合わないモノは、②どんなに質がよくて、価値があってももてあまします。

50　①「賢く買ったつもりで、かえって浪費したことになります」とあるが、それはなぜか。

1　バーゲンセールで最初の定価の半額になったから
2　気に入らないところがあったが、品質の良い消耗品だから
3　本当に好きで買ってきたものはすぐに故障したりしてしまうから
4　気に入らないところがあっても妥協して買ったものはあまり着ないから

51　②「どんなに質がよくて、価値があってももてあまします」とあるが、ここではどういう意味か。

1　いくら値段が高くても、手に入れようと努力する。
2　どんなにいいものでも、自分に合わないものは、持っていても意味がない。
3　高価なブランドでも、自分の能力を超えたものに、人は魅力を感じる。
4　価値があるものでも、自分の好みではないものは、他人に譲ったほうがいい。

52 筆者がここで最も言いたいことはどれか。

1 バーゲンセールの品物はだいたい品質に問題があるので、安くても買わないほうがいい。

2 高価なブランドばかり買う女性は個性がない上に、センスが悪いと思われるかもしれない。

3 自分の生活に必要なものや自分に合うもの以外は買わないほうがいい。

4 品質のある生活を送るためには、素朴で質素な暮らしをしたほうがいい。

(2)

仕事というのは、自分が主体になればなるほど面白くなっていく。“やらされている”という感覚では、いつまで経ってもやりがいや充実感は生まれてこないだろう。①だから仕事を面白くするのもしないのも、結局自分次第である。「自分の仕事は大変だ」とか「この仕事はしんどい」と文句を言っている部下は成長しない。

大変であるならば、どうすればその大変な仕事を少しでも容易に処理することができるようになるか。辛い苦しい思いをしないで自分の仕事として進めるためには、どんなやり方がいいのか。それをよく考え、工夫することが大切だ。不満ばかりを言っていても何も解決しない。それは現状を改善する能力がないだけの話である。

タクシードライバーを思い浮かべてほしい。A地点からB地点へ行くのに、もし一本の道しか知らなかったとすればどうなるか。その道が混んだり、事故で渋滞したらもう打つ手はない。「まいったな。渋滞か」と文句を言うことしかできまい。しかし、日頃から心がけていれば、そのタクシードライバーは可能な限り渋滞を回避することができるだろう。

②仕事の進め方もまったく同じといえよう。指示された一つのやり方しか知らなければ、それでうまく行かなかったらもう終わりになる。自分なりの工夫で、仕事の小さな道を見つけておく。いくつかのやり方を常に用意しておく。そうすれば、問題が生じても壁を乗り越えていける。

53 ①「だから仕事を面白くするのもしないのも、結局自分次第である」とあるが、この説明として合っているのはどれか。

1 辛い思いをしながら仕事をやることを通して、自己実現を遂げることができる。

2 仕事に対する姿勢によって、仕事が面白くなったり、つまらなくなったりする。

3 仕事が大変だと思っている人はなかなか成長しない。

4 やらされているという感覚で仕事をやる人は長続きできない。

54 ②「仕事の進め方もまったく同じといえよう」とあるが、「仕事の進め方」は何と同じなのか。

1 事故で渋滞して前に進むことができない車
2 渋滞について文句を言うこと
3 運転中、一本の道しか知らないこと
4 タクシーのドライバーが渋滞に遭遇した場合

55 この文章で筆者が一番言いたいことはどれか。

1 仕事においては、日頃からの積み重ねが肝心だ。
2 仕事がたいへんだと文句ばかりこぼす人は、問題を解決できない。
3 仕事は自分が主体となって積極的に進めることが大切だ。
4 仕事でつまずいた時には、自分なりの工夫で近道を見つけるべきだ。

(3)

最近の脳科学の説によると、記憶力が年を取って落ちるという証拠はあまりない。逆に、脳のネットワーク理論で考えれば、年を取るほど記憶システムは充実してくるはずだ、という説を唱える学者もいる。つまり、少なくとも老年期(私の定義では75歳以上)になる前は、脳の機能が落ちるということが、科学的に証明されているわけではない。

しかし年を取ったことを理由に、物覚えの悪さや、記憶力の低下を嘆く人は大勢いる。ところが一方では年を取っても、いつまでも若々しく、さらに能力に磨きをかけていると思われる優秀な人がいるのも事実だ。

では、①その差は、どこから来るのだろうか。いちばん大きいのは、やはり「習慣」の違いだと思われる。生まれついての能力の差などではなくて、普段の生活におけるちょっとした習慣、それが年を取ってからの「頭のよさ」に大きな違いを与えている。

たとえば「勉強」の習慣として「復習」というものがある。予習して授業に臨み、その後、復習する。勉強をする以上、学んだことを頭に残さないといけないが、そのためにいちばん有効なことは、じつは「復習」するということだ。

56 脳のネットワーク理論について、正しいのはどれか。

1 年を取るほど頭がよくなる。
2 記憶力は年を取るにつれて落ちる。
3 75歳以上になると、急に記憶力が落ちる。
4 年を取るほど脳の機能が落ちるとは限らない。

57 ①「その差は、どこから来るのだろうか」の説明について、正しいのはどれか。

1 生活の習慣の違いによる差で、記憶力に差が出てくる。
2 生まれつきの能力の差によって、記憶力にも差が出てくる。
3 頭のよさや年齢の違いによって、能力にも差が出てくる。
4 記憶力のよさによって、能力にも差が出てくる。

58 文章の内容と合っているものはどれか。

1 年を取って記憶力が下がるのは仕方のないことだ。
2 復習によってはじめて知識を身につけられる。
3 物覚えが悪いのはもっぱら生活習慣によるものだ。
4 記憶力が年を取ることによって落ちるという証拠はない。

問題10 次の文章を読んで、後の問いに対する答えとして最もよいものを、1·2·3·4から一つ選びなさい。

人間は自分で何とか自分の性格や生き方を変えたいと思うときがある。あるいは、他人の行動を変えたい、あるいは、変わってほしいと思うこともある。ところが、これはなかなか難しいことだ。①それが思うようになるのだったら、誰もが立派な人になったり、偉い人になったりするだろうし、別に立派になどならなくとも、少なくともあまり他人に迷惑をかけるようなことはなくなるだろう。われわれは自分の欠点に気づいていて、それを直そうと思いつつ、どうにもならずに他人に迷惑をかけ続けているものである。

人間が変化する場に立ち合い続けていて、まず思うことは、「一番生じやすいのは、180度の変化である」ということである。その好い例は、アルコール依存症の場合だろう。大酒のみの人が、ある日から、酒をピッタリとやめる。皆が感心していると、あるときにまた逆転してしまう。つまり、②180度の変化が生じるのである。

非行少年に会っていてもこのようなことはよく生じる。札つきの非行少年が急に変身して、途方もなく「よい子」になる。周囲の人の賞賛が頂点に達した頃に、その子は180度の逆転をやって、「やっぱり、あの子は悪い子だ」という判断を強めてしまう。「だまされた」と言って、すごく腹を立てる人さえ出てくる。

他人のことはともかく、自分のことを考えてみよう。自分の生き方と父親(あるいは、母親)の生き方を比較してみると、びっくりするほど同じことをしているか、正反対のことをしているか、に気づく人が多いのではなかろうか。自分の親の生き方をしない、と決心した場合、その方向を20度とか30度変更するのではなく、180度の変化をしているのが多いと思われる。

このような現象をイメージで表現するなら、風見鶏(かざみどり)(注1)でときどき何かの加減でクルッと回転して反対向きになるのと似ているのではなかろうか。風が向いているとき、それに抗して20度、30度の方向に向くよりも、180度変わってしまうと楽なのだ。つまり、何かの方向づけの力が働いているとき、逆転してしまう方が、すこしやりやすいのであろう。

このようなことがよくわかってくると、180度の変化が生じても、(　③　)、じっくりと構えていられるようになる。ここで、「じっくり構える」ことが大切で、生半可(なまはんか)(注2)にこのようなことを知った人は、180度の変化など、「どうせ信用できない」と冷たい態度に出て、せっかくの変化をすぐぶち壊してしまうのである。

ともかく、一番生じやすいことにしろ、180度変化したことは喜ぶべきであって、何も冷たくすることはない。実はこのときに生じた変化によって経験したことは、その人が次に自分の在り方と照合しつつ、あらたな方向性を見出してゆくための参考になることが多いので、それはそれとして大切にすべきなのである。ただ、そのときの喜び方が手離しになってしまわないところが一味違うのである。

(注1)風見鶏(かざみどり)：定見を持たず、大勢の動向にすぐ順応する

(注2)生半可(なまはんか)：不十分で中途半端である

59　①「それが思うようになるのだったら」とあるが、「それ」とは何か。

1　自分の性格や生き方を変えること

2　他人の行動を変えること

3　他人が自分の思うとおりになること

4　思うとおりに自分や他人を変えたりすること

60　②「180度の変化が生じる」とあるが、その説明について、文章の内容とあっているものはどれか。

1　180度の変化はだいたいすぐ逆転するので、冷たい目で見たほうがいい。

2　180度の変化はあまり信用できないが、変わらないよりましなので、喜ぶべきだ。

3　180度の変化をしようと思ってもなかなかできない、それより変わらないほうがいい。

4　20、30度の変化より、180度の変化はより難しいので、絶えず努力する必要がある。

61　(　③　)に入れるものとして正しいのはどれか。

1　どうせ信用できないから　　2　好ましいことではなく

3　やたらに喜ぶことなく　　4　あまり評価せずに

62 文章の内容と合っているものはどれか。

1 他人を変えるのは難しいが、自分を変えるのは簡単だ。
2 自分の欠点を直してはじめて成功を遂げられる。
3 他人の変化に敏感に反応するより、じっくり見守ってあげるのが大切だ。
4 親と違う生き方をしようという決心が強いほど、失敗で終わるケースが多い。

問題11 次のAとBの記事を読んで、後の問いに対する答えとして最もよいものを、1・2・3・4から一つ選びなさい。

A

小学校においては、説明、記録など「言語活動」を学ぶ内容が目立った。2年では、文章に線を引いて書きだす。身ぶり手ぶりを使って説明する、といった動きが盛り込まれた。

高学年では、インターネットで情報を集める正しい方法や、正確な情報の見分け方の記載が目立った。

新指導要領で「伝統的な言語文化の指導」が明記されたことから、漢字の成り立ちや古典、伝統芸能なども多く紹介され、「竹取物語」を声に出して読ませる教科書もあった。「平家物語」「歌舞伎」「能・狂言」なども扱われた。

学年別の配当表にない漢字についてもルビ付きで積極的に使うなど、漢字に親しむ工夫も見られた。

ある教科書は、新潟、滋賀、愛媛など難しい漢字を含む府県名にルビを振り、「発展」としたが、発展ならルビは不要という趣旨の検定意見が付き、「なんと読むでしょう」と問いかける形でルビを取った。

B

文部科学省が30日に検定結果を公表した小学校の教科書では、3年生からキーボードの入力法やインターネットショッピングを学ぶなど、メディア環境に順応させようとする内容が数多く盛り込まれた。注意を促す一方で、「ネットで意見を発信する方法もある」などと、積極的なネット利用も推奨している。時代の変化を印象付けるが、教師からは「現実の子供たちのネット環境はもっと進んでいる」との声も聞かれる。

光村図書出版の国語（3年上）は、コンピューターでのローマ字入力を解説。同社の編集者は「今の時代、やっておかなければならない学習だ」と話す。

こうした記述を、現場の教師は比較的冷静に受け止める。神奈川県内の女性小学校教諭（30）は「電子マネーで買い物する小学生は珍しくない。子供たちの生活は教科書の想定よりずっと進んでいる」と指摘する。

63 二つの記事に共通して言っていることは何か。

1 小学校における「言語教育」の変容
2 小学校における教科書の現状
3 小学校教育における新指導綱要の内容
4 小学生の漢字力が高まっていること

64 AとBの記事の記述と合っている内容はどれか。

1 小学校では生徒に動作で教科書の内容を表現させようとする動きが盛んだ。
2 今の小学校の教科書は基礎知識よりインターネットの使用など実用性の高い技能を重視する傾向にある。
3 今の教科書は時代の変化を反映した内容も多いが、伝統的な言語文化の教育も大事にしている。
4 新しい教科書は子どもたちの生活実態を反映したものだ。

65 小学校におけるネットの利用について述べた内容として、正しいのはどれか。

1 小学生のネットの利用方法は新しい教科書の中に含まれていない内容だ。
2 現場の教師は子どもたちのネット利用に伴う学力低下を心配している。
3 コンピューターでのローマ字入力の学習は、漢字の勉強に役に立つ。
4 文部科学省は小学生の積極的なネット利用を推奨している。

問題12 次の文章を読んで、後の問いに対する答えとして最もよいものを、1・2・3・4から一つ選びなさい。

「多重人格」は今アメリカで患者数数十万という①とんでもない「流行病」である。これを「幼児期の虐待」によって説明するのが今の「定説」である。療法は、抑圧された幼児記憶を再生させて、否定された自己を蘇らせ、多重化した人格を統合することをめざす。

これは「自己とはなにか」という問題について、②危険な予断を含んでいると私は思う。最終的に人格はひとつに統合されるべきである、という治療の前提を私は疑っているからである。「人格はひとつ」なんて、誰が決めたのだ。

わたしはパーソナリティの発達過程とは、人格の多重化プロセスである、というふうに考えている。幼児化にとっての世界は未分化の混沌(こんとん)である、幼児にとって世界との接点はもっぱら粘膜(ねんまく)(唇など)であり、その対象は人間であれ、植物であれ、「快不快」を軸に分類されている。もう少し大きくなると、ある人間と別の人間では、メッセージに対する受容感度が異なることに気づくようになる。コミュニケーションをうまくすすめるためには、相手が変わるごとに、発声法や、言葉遣いや、トーンや、語彙を変えるほうがいい、ということを学習する。たとえば、母親に向かって語りかける言葉と、父親にむかって語りかける言葉は、別のものに分化しそれぞれ発達してゆく。

コミュニケーションの語法を変えるということは、いわば「別人格を演じる」ということである。相手と自分の社会的関係、親疎、権力位階、価値観の親和と反発…、それは人間が二人向き合うごとに違う。その場合ごとの一回的特殊な関係を私たちはそのつど構築しなければならない。

場面が変わるごとにその場にふさわしい適切な語法でコミュニケーションがとれるひとのことを、私たちは「大人」と呼んできた。そのような場面ごとの人格の使い分けをかつては「融通無碍」と称した。それが「成熟」という過程の到達目標のひとつであったはずである。

しかるに、近代のある段階で、このような「別人格の使い分け」は「面従腹背」とか「裏表のある人格」とかいう否定的な評価を受けるようになった。単一で純粋な「統一された人格」を全部の場面で、常に貫徹することが望ましい生き方である、ということが、いつの間にか③支配的なイデオロギーとなったのである。

「本当の自分を探す」、「自己実現」というような表現は、その背後に、場面ごとにばらばらである自分を統括する中枢的な自我がなければならない、という予断を隠している。その予断ゆえに、今私たちの社会は、どのような局面でも、単一の語法でしかコミュニケーションできない人々、相手の周波数に合わせて「チューニングする」能力がなく、固定周波数でしか受発信することができない、情報感度のきわめて低い知性を大量に生み出している。

社会集団は「同質的で、単一で、純粋であるべきだ」という危険なイデオロギーを声高に批判する人がなぜ「自我は同質的で、単一で、純粋であるべきだ」という近代の自我論を放置し、しばしば擁護する側にまわるのか、私にはうまく理解できない。

いまの社会では、「自分らしくふるまえ」、「自分の個性を全面的に表現せよ」といった「自我を断片化して使い分ける」ことに対するきびしい禁忌が幼児期から働いている。そのような社会では、「ある局面においての私」と「別の局面での私」というものを切り離す能力は育たない。

66 ①「とんでもない『流行病』である」とあるが、ここで筆者のどういう気持ちを示すために使われているのか。

1 「多重人格」という新しい病気が流行するアメリカの発展に対する賞賛
2 「多重人格」が幼児に特有な症状であるということへの強調
3 「多重人格」は近いうちに日本でも流行するだろうという懸念
4 「多重人格」の患者数がこれだけ多いというのはおかしいと皮肉る気持ち

67 ②「危険な予断を含んでいる」とあるが、その理由はどれか。

1　「人格はひとつ」とみんなに決められているから
2　人格はひとつしかないということが治療の前提とされているから
3　幼児記憶を再生させて、否定された自分を蘇らせるのは危ないから
4　子どもが大きくなるにつれて言葉を使い分けるが、人格はひとつになるから

68　③「支配的なイデオロギー」とあるが、その意味として最適なものはどれか。

1　その時代の人々の判断をただひとつの方向に強制する思想
2　その時代のほとんどの人に認められている手本
3　その時代の大多数の人々の思考や行動に影響を与える根本的な考え方
4　その時代の人なら誰もが認めて受け入れる常識的なもの

69　筆者が言いたいことは何か。

1　場面によって人格を使い分ける能力を、幼少期から育てる必要がある。
2　場面ごとの人格の使い分けは、大きくなるにつれて衰えていくものだ。
3　自分らしく生きると、場面ごとに人格を使い分けることができなくなる。
4　本当の自分を探すには、場面ごとに使い分けられた自分を統括する必要がある。

問題13　次は、カップラーメンを作る会社のホームページに載っている案内である。下の問いに対する答えとして最もよいものを、1･2･3･4から一つ選びなさい。

70　森先生は、来月クラスの学生20名を連れて、「①工場見学」に行きたいと考えている。予約に関して、注意しなければならないことは何か。

1　電話で見学希望日の前日までにする。
2　電話で見学希望日の7日前までにする。
3　ネットで見学希望日の3日前までにする。
4　ネットで見学希望日の7日前までにする。

71　智子さんは友だちと3人で「②工場見学とカップラーメン体験」に行きたいと考えている。来週の6月17日から23日の間の3人の空いている日時をメモにまとめたが、予約が可能な日時はいつか。

智子のメモ

智子	19日午前のみ、22日午後のみ
辰子さん	19日午前のみ、20、21日午前のみ、22日
優子さん	19、20日午前のみ、21、22日午後のみ

1　19日9時と22日15時　　2　20日9時と21日10時
3　19日9時　　4　22日15時

松本製麺

工場見学・カップラーメン体験のご案内

松本カップラーメンミュージアムは松本製麺によって設立された体験型食育ミュージアムです。施設の中には、カップラーメンの歴史を紹介するミュージアムとお土産売り場があります。体験活動ではプラス料金で自分だけのカップラーメンをつくることもできます。

開始時間	午前:9時、10時　　午後:14時、15時
所要時間	①工場見学:約40分 ②工場見学とカップラーメン体験:約90分 注意:土日や祝日は工場の一部が見学できない場合もございますので、ご了承ください。
予約方法	インターネット:https://www.matsumoto-semen/kojo-kengaku/yoyaku/ 電話:03-4125-7878(9:00～16:30)
休業日	年末年始、お盆休み
費用	工場見学:無料　　カップラーメン体験:1,000円(税込み)
所在地	星見市大川町5213番地
問い合わせ先	松本製麺　　工場見学・カップラーメン体験担当

※インターネットでのご予約は、見学希望日の3日前まで承っております。

※電話でのご予約は、見学希望日の前日まで承っております。

※以下のお客様に関しましては、必ずお電話でご予約ください。準備などございますので、見学希望日の7日前までにお申し込みをお願いいたします。

・15名以上の団体で利用されるお客様

・学校にかかわる活動で利用されるお客様

来週の予約状況　　○予約可　△残り2名以下　×予約不可

	17(月)	18(火)	19(水)	20(木)	21(金)	22(土)	23(日)
9時	△	○	○	○	△	△	×
10時	×	×	△	×	○	×	△
14時	○	△	○	○	×	×	×
15時	×	○	△	×	○	△	△

模擬テスト

第 6 回

聴　解

（55分）

問題1

問題1では、まず質問を聞いてください。それから話を聞いて、問題用紙の1から4の中から、最もよいものを一つ選んでください。

1番

1　コピー機を修理に出す
2　課長に申請書を出す
3　コピー機の見積もりを頼む
4　コピー機を注文する

2番

1　得意先に電話して、値段の交渉をする
2　出張精算書を書いて出す
3　得意先に電話して、注文数を増やす
4　工場に電話する

3番

1　パートⅠを見る
2　パートⅡを見る
3　パートⅠとパートⅡの両方を見る
4　パートⅠもパートⅡも見ない

4番

1　あいさつの仕方
2　注文の取り方
3　メニュー
4　レジの打ち方

5番

1　受付でカルテをもらう
2　料金を支払う
3　採血室に行く
4　レントゲンを撮る

問題2

問題2では、まず質問を聞いてください。そのあと、問題用紙の選択肢を読んでください。読む時間があります。それから話を聞いて、問題用紙の1から4の中から、最もよいものを一つ選んでください。

1番

1　大家さんが料理が匂うといって文句を言ってきたから
2　料理のことで大家さんから電話がかかってきたから
3　料理のことで大学の学生課から電話がかかってきたから
4　大学の学生課がいろいろと学生の面倒を見てくれるから

2番

1　監督や俳優が有名だから
2　原作があまり知られていないから
3　口コミサイトで高く評価されたから
4　映像が美しいから

3番

1　渋滞したから
2　お金を払わなければならないから
3　駐車場の情報がなかったから
4　車で来たくなかったから

4番

1　月曜の午後
2　火曜の午後
3　水曜の午前
4　金曜の午後

5番

1　仕事の内容
2　仕事の量
3　会社の環境
4　上司の態度

6番

1　国外生産は不安な要素が多いから
2　国内生産に従事している方を現地に派遣できないから
3　品質管理が難しいから
4　会社の信用を失うから

問題 3

問題3では、問題用紙に何も印刷されていません。この問題は全体としてどんな内容かを聞く問題です。話の前に質問はありません。まず話を聞いてください。それから、質問と選択肢を聞いて、1から4の中から、最もよいものを一つ選んでください。

—メモ—

問題 4

問題4では、問題用紙に何も印刷されていません。まず、文を聞いてください。それから、それに対する返事を聞いて、1から3の中から、最もよいものを一つ選んでください。

—メモ—

問題5

問題5では長めの話を聞きます。この問題には練習はありません。

メモをとってもかまいません。

1番

問題用紙に何も印刷されていません。まず話を聞いてください。それから、質問と選択肢を聞いて、1から4の中から、最も よいものを一つ選んでください。

—メモ—

2番

まず話を聞いてください。それから、二つの質問を聞いて、それぞれ問題用紙の1から4の中から、最もよいものを一つ選んでください。

質問1

1 最終的に決定を下す人
2 決定に強い影響力を持っている人
3 中立派
4 反対派

質問2

1 最終的に決定を下す人
2 決定に強い影響力を持っている人
3 中立派
4 反対派

模擬テスト

第7回

言語知識（文字・語彙・文法）・読解

（110分）

言語知識（文字・語彙）

問題1　＿＿＿＿の言葉の読み方として最もよいものを、1・2・3・4から一つ選びなさい。

1　事態は回復不能の状態に陥ってしまった。

1　おとって　　2　おちいって　　3　はいって　　4　はまって

2　大雪のため、空の便は欠航、列車も立ち往生している。

1　おうじょう　　2　おうせい　　3　おうしょう　　4　おうぜい

3　他人の成功や幸せを快く思わない人もいる。

1　ここちよく　　2　いさぎよく　　3　こころよく　　4　ねづよく

4　豊かで潤いのある生活環境の創造が強く求められている。

1　うるおい　　2　やしない　　3　まかない　　4　さまよい

5　火災保険料は課税所得金額から控除される。

1　くうじょ　　2　くうじょう　　3　こうじょう　　4　こうじょ

6　問屋から直接商品を仕入れてネットで販売している。

1　もんや　　2　といおく　　3　といや　　4　とんや

問題2　（　　　　）に入れるのに最もよいものを、1・2・3・4から一つ選びなさい。

7　トヨタ自動車の豊田社長は記者（　　　　）を行い、一連のリコール問題について謝罪を行った。

1　会話　　2　会談　　3　会見　　4　会合

8　定年後は、毎日体を動かして、（　　　　）ないように努力している。

1　ぼけ　　2　とけ　　3　ふけ　　4　ばけ

9　ノルウェー上空に現れた奇妙な光の（　　　　）が明らかになった。

1　本物　　2　正体　　3　正味　　4　実物

10　恥を（　　　　）ないように洋食のテーブルマナーを身につけておきたい。

1　なれ　　2　のがさ　　3　かか　　4　かんじ

11 あまりにもすばらしいピアノの音色に聞き(　　　　)。

1 なれた　2 のがした　3 いれた　4 ほれた

12 その話はどこかで(　　　　)聞いたことがある。

1 ずらっと　2 ちらっと　3 きらっと　4 くらっと

13 日本の国会議事(　　　　)は左右でそれぞれが衆議院、参議院と分かれている。

1 堂　2 庁　3 会　4 町

問題3 ＿＿＿＿の言葉に意味が最も近いものを、1・2・3・4から一つ選びなさい。

14 いじめ問題の対策として、学校側は相談窓口をもうけることにした。

1 増加する　2 設置する　3 案内する　4 利用する

15 先生のわかりやすい説明で、まぎらわしい文法事項も覚えることができる。

1 理解しにくい　2 解説しにくい　3 見分けにくい　4 習得しにくい

16 ありふれた商品に付加価値をつけないと安売り競争になる恐れがある。

1 普通の　2 独特な　3 安価の　4 貴重な

17 今日は晴れのいい天気で、はるか遠くの山がくっきり見える。

1 てっきり　2 がっくり　3 じっくり　4 はっきり

18 今の経営状況から海外支店をひきあげることにした。

1 オープンする　2 撤退する

3 拡大する　4 進出する

19 A銀行倒産のうわさがとび、大勢の預金者が押しかけた。

1 つながり　2 ひろがり　3 まとまり　4 かたまり

問題4 次の言葉の使い方として最もよいものを、1・2・3・4から一つ選びなさい。

20 痛感

1 最近、食事のあとよく胃の痛感がある。

2 この小説の登場人物の心理描写などに痛感を覚える人が多いようだ。

3 半年の就職活動を通じて社会の厳しさを痛感した。

4 調子に乗りすぎて周りの痛感を買うことのないように。

21 覆す

1 常識を覆したこのダイエット食品は大ヒットとなった。

2 最強のライバルを覆したとき、会場から割れんばかりの拍手が送られた。

3 洗濯物を覆して洗ったほうがよく汚れが落ちるそうだ。

4 待遇のいい会社を探そうという気持ちで転職を覆している。

22 未熟

1 牛肉を未熟なまま食べるとおなかを壊すかもしれない。

2 まだまだ未熟なものですが、これからもよろしくお願いします。

3 電車の中で、未熟な人に話しかけられてびっくりした。

4 5年も付き合って別れたんだから未熟が残るのも当然のことだ。

23 染みる

1 遠くに雪で染みた山の姿が見える。

2 紅葉が夕焼けに染みて、一段と美しさを増す。

3 子どもが生まれて育児の大変さを身に染みて感じている。

4 母は美容院で髪の毛を染みて同窓会に出かけた。

24 ずるずる

1 最近、ようやく英字新聞をずるずる読めるようになった。

2 赤ちゃんのようなずるずるお肌になりたい。

3 人のうわさ話をずるずるとしゃべるのはやめよう。

4 結婚する気のない彼とずるずる付き合ってもう5年目になる。

25 チャンネル

1 家にテレビが3台あるのでチャンネル争いが起きない。

2 ずっと前からチャンネルのバッグがほしかったが、高くて買えない。

3 故障した玄関のチャンネルは押しても鳴らない。

4 彼女は冬季五輪で完璧な演技でチャンネルの座を手に入れた。

言語知識(文法)

問題5　次の文の(　　　　)に入れるのに最もよいものを、1・2・3・4から一つ選びなさい。

26　地球以外の惑星には(　　　　)生物がいるのだろうか。

1　どうにか　　2　ひょっとすると
3　果たして　　4　まさか

27　前の会社は給料(　　　　)、単純作業ばかりでやりがいを感じなかった。

1　もさることながら　　2　はいいとしても
3　のみならず　　4　にかかったら

28　息子は「いってきます」と(　　　　)、玄関のドアを開けて出ていった。

1　言うなり　　2　言ったが最後
3　言いそびれて　　4　言わんとして

29　初版の本はあまり多く印刷されることはないが、売れ行き(　　　　)、すぐに増刷されることもある。

1　のかわりに　　2　いかんによっては
3　のことだから　　4　いかんにかかわらず

30　若いころに経験したつらいことは(　　　　)によっては、長い人生においてプラスになることが多いだろう。

1　考えよう　　2　考えかけ　　3　考えぬく　　4　考えること

31　お客さん(　　　　)商売だから、なにより大切なのはお客さんのニーズに応えることだ。

1　だに　　2　あっての　　3　とは　　4　まじき

32　生け花や茶道などの稽古をしたい(　　　　)が、なかなかその時間が取れない。

1　気がないではすまない　　2　気になるまでもない
3　気にせずにはいられない　　4　気がないでもない

33　上司に(　　　　)、会社の不正を告発するつもりだ。

1　怒られつ、首になりつ　　2　怒られるだに、首になるだに
3　怒られようが、首になろうが　　4　怒られたり、首になったりして

34 今回のプロジェクトは絶対とはいえ(　　　　)、成功する確率はかなり高いと思います。

1 ないまでも　　2 ないことには
3 ないでもない　　4 ないでは

35 名誉にかかわることだから、いざとなれば莫大なお金を(　　　　)、裁判で争うつもりだ。

1 使ってさえ　　2 使ってこそ
3 使ってでも　　4 使ってはじめて

問題6　次の文の__★__に入る最もよいものを、1·2·3·4から一つ選びなさい。

36 両親との電話で、「合格」と ____ __★__ ____ ____、誤って「不合格」と言ってしまって、両親を驚かせてしまった。

1 べき　　2 を　　3 ところ　　4 言う

37 この切手は見た目 ____ ____ __★__ ____ 5万円からするらしい。

1 相場では　　2 大したものでは
3 からすれば　　4 なさそうだが

38 家族みんなが ____ ____ __★__ ____ 幸せだと思う。

1 それで　　2 できれば
3 一緒に暮らす　　4 ことさえ

39 「志ある者は事ついに成る」ということわざのように、世の中には ____ ____ __★__ ____ と思う。

1 ことは　　2 ない　　3 やれない　　4 やって

40 あの歌手の歌声はすばらしくて ____ ____ __★__ ____ はとても残念だ。

1 引退するの　　2 文句の
3 だけに　　4 つけようがない

問題7　次の文章の読んで、[41]から[45]の中に入る最もよいものを、1・2・3・4から一つ選びなさい。

以下は、作家が書いた文章である。

教育の現場にいる人間が、極端なことを[41]ために、結局のところ何もしないという状況に陥っているという現実があります。実際には、物凄く厳しい先生は、生徒に嫌がられるけれど、後になると必ず感謝される。それが仮に間違った教育をしても、少なくとも反面教師には[42]ということになる。が、最近ではそんな厳しい先生はいなくなってきた。下手なことをして教育委員会やPTAに叩かれるよりは、何もしないほうがマシ、となるからです。

反面教師になってもいい、嫌われてもいい、という信念が先生にない。なぜそうなったか。今の教育というのは、子どもそのものを考えているのではなく、先生方は教頭の顔を見たり、校長の顔を見たり、PTAの顔を見たり、果ては文部科学省の顔を見ている。子どもに顔が向いていないということでしょう。

よく言われることですが、サラリーマンに[43]。サラリーマンというのは給料の出所に忠実な人であって、仕事に忠実なのではない。職人というのは、仕事に忠実じゃないと食えない。自分の作品に対して責任を持たなくてはいけない。

[44]、教育の結果の生徒は作品であるという意識が無くなった。教師は、サラリーマンの仕事になっちゃった。「でもしか」先生というのは、子どもに顔が向いていなくて、給料の出所に対して顔が向いているということを皮肉に言った言葉です。職があればいい、給料さえもらえばいいんだ、そういうことで先生に「[45－A]」なったか、先生に「[45－B]」なれなかった。

41
1　するように
2　しないようにする
3　しようとする
4　しなくてもいい

42
1　なりかねる
2　なりえない
3　なりうる
4　なりがち

43
1　なってしまっているわけです
2　なってほしいです
3　なってきたものです
4　なってしまってもしかたがないです

44
1 つまり
2 それでは
3 もっとも
4 ところが

45
1 A：でもしか / B：でも
2 A：しか / B：でも
3 A：でも / B：しか
4 A：しか / B：でもしか

読　解

問題8　次の文章を読んで、後の問いに対する答えとして最もよいものを、1・2・3・4から一つ選びなさい。

(1)

私は大学の授業で、「自分の好きな本」の紹介を学生にさせることがある。聴衆は200人。時間は2分。ビジネスマンでもこの規範のプレゼンは、なかなかないだろう。出来のいい発表は、大まかに2通りにわかれる。「この本のここが最高なんです！」と結論からスパッと入るタイプ。または、自身の体験談を交えながら聴衆を魅了するタイプ。講義後に、学生には必ず授業の感想文を書かせるのだが、この二つのタイプは評判がいい。逆にダメな発表者は、場に飲まれる人だ。オドオドして遠慮から入る。ところが慣れてくると、今度は話が止まらない…“今、ここで何を求められているか”という最も大事なことがわかっていないのだ。

46　この文章で筆者が最も言いたいことはどれか。

1　発表において大事なことは、聴衆の需要に応えることだ。
2　結論からスパッと入るタイプは観衆になかなか受け入れられない。
3　ビジネスマンも2分のプレゼンを練習したほうがいい。
4　できのいい発表はだいたい自分の体験談を交えながら聴衆を魅了する。

(2)

ペンギンの保護や救護をめぐる国際的な取り組みが、特に最近十数年間、ネットワークを広げ、緊密さをましてきた現状を考えるとき、やがて、ペンギンを見つめる人々の交流の中から「地球温暖化」や「オゾンホール」、「海洋生態系の保全」など地球規模の問題を解明し、解決する糸口が見つかる可能性だっておおいにあるのではないかと思われてくる。このユニークな海鳥を助け、見守ることは、とても小さくて地味な仕事だが、それによって得られる満足感は海のように大きくて豊かだ。これからも、ペンギンに出会い、ペンギンを生涯の友とする人々の数はますます増えていくに違いない。

47　文中の「それ」は何を指しているか。

1　地球規模の問題の解決
2　ペンギンを見つめる人々の交流

3　ペンギンの保護や救護

4　国際的な取り組み

(3)

以前のことですが、地元の図書館の返却ポストに誤って郵便物を“投函”してしまいました。この返却ポストの色は「グレー」でした。最近の新しい郵便ポストは「グレー」のものが増えてきましたが、それで「グレー」に“反応”してしまったのです。本物のポストは、そこから2mも離れていないところに赤い色をしてありました。事の重大さに気づき、あわてて図書館の職員に電話でそのことを伝え、事無きを得ました。

光が人の目に入り、脳がその刺激を受けることから、人は色を見て、過去の記憶が呼び起こされたり、あるものごとを連想することがあります。そういったことから、色は直接視覚を反応させるシンボルとして大きな効果をもっています。

48　本文の内容と合っているものはどれか。

1　筆者は郵便ポストに図書館の本を入れてしまった。

2　筆者は赤い色のポストを見て、図書館の返却ポストを連想した。

3　筆者は図書館の返却ポストに借りた本を入れてしまった。

4　筆者はグレーを見て、郵便ポストを連想した。

(4)

現代は「仕事人間」という言葉が悪い意味を指して使われるようになり、特に若い人たちの間では、「仕事はおもしろおかしくやるべきだ」と考える風潮が主になっているように思う。たしかに楽しく仕事をするというのはいいことだろう。しかし、「楽しさ」の意味を取り違えてはいけない。仕事は遊びとはまったく違う。すなわち、遊びの中にある「責任のない楽しさ」と、仕事から生まれる「責任のある楽しさ」は、まったく別のものだということを知っておかなければならない。遊びの楽しさを仕事に求めてはいけない。

49　楽しさについて、筆者の考えに合うのはどれか。

1　楽しさのない仕事にはやり甲斐がない。

2　遊びの気分で仕事をすれば、楽しさを感じることができる。

3　遊びの楽しさは責任が伴わないため、仕事に求めてはいけない。

4　楽しく仕事をするのは理想的だが、実際の仕事には楽しさがない。

問題9　次の文章を読んで、後の問いに対する答えとして最もよいものを、1・2・3・4から一つ選びなさい。

(1)

漢字はこれまでもっとも多くの人が、またもっとも長く使ってきた文字である。

ユーラシア大陸の東端の地に漢字が誕生したのは、今から4000年ほど前のこととされている。そのころほかの地域に暮らしていた人類もすでに文字を持っており、エジプトやメソポタミアではもっと古い時代から文字が使われていた。しかしそれらの文字はやがてその地域の文明の衰亡とともに滅んだり、あるいは他の文字体系にとって代えられ、①今ではすでに死文字になっている。それに対して中国では文字は誕生してから体系を変えることがなく、現代にいたるまで一貫して漢字を使い続けている。さらにまた漢字は、過去に中国から文化を受容した国々にも大きな影響を与え、中国の周辺に位置した国では自国の言語を表記するもっとも中心的文字は長い間漢字であった。このように長時間かつ広範囲にわたって使われ続けた文字は、世界にその他の例を見ない。

昨今、日本では漢字の未来をめぐる議論がさかんである。とりわけ情報化社会が進むにつれて機械による言語処理と表記の問題がクローズアップされ、漢字をこれからどうするのか、といった問題がしばしば取り上げられる。しかし、すべての事柄について言えるように、②過去に対する正確な認識を持たずに未来を予見することは危険である。漢字の未来に関してその功罪を評論するのも、目先の事柄についてだけ考えるのではなく、漢字が過去に歩んできた道筋を把握し、そこから未来を見通す姿勢が必要なのである。未来は歴史の延長線上にある。もちろん文字とて例外ではない。

50　①「今ではすでに死文字になっている」とあるが、死文字になったのはどれか。

1　古代の漢字
2　エジプトなどで使われた文字
3　情報化社会で使われている漢字
4　過去に中国から文化を学んだ国々の文字

51　②「過去に対する正確な認識を持たずに未来を予見することは危険である」とあるが、その説明について、正しいのはどれか。

1　漢字の歴史を振り返ってみないと、その大切さが分からない。
2　日本における漢字の価値を知っていなければ、漢字のこれからの運命を予測しても仕方がない。
3　漢字に関する評論を読まないと、その未来を予測することができない。
4　漢字が過去に歩んできた道筋を把握できなければ、その未来を見通すことができない。

52 筆者が漢字に対する考えとして、最も正しいのはどれか。

1 情報化社会がすすむにつれて、漢字の重要性も弱まっていくだろう。

2 漢字は言語処理や表記においてとても不便なので、他の文字体系に取り替えるべきだ。

3 漢字は世界文明の発展に大きな影響を与えてきたもので、これからも生命力強く生きていくだろう。

4 漢字は歴史上重要な役割を果たしてきたが、情報化社会の到来とともに、いずれ消えていくだろう。

(2)

花見そのものが日本の誇る庶民文化であるが、花見はまた多くの日本文化を刺激し、創り出してきた。文芸、芸能、美術そして衣装や料理などまで花見の恩恵をこうむっている。たとえば俳諧（はいかい）である。

「①木の下に汁も膾（なます）も桜かな」

「奥の細道」の旅から戻った芭蕉が翌元禄（げんろく）三年(1690)、伊賀上野の門弟・小川風麦邸での花見の宴席で詠んだ句である。満開の桜のした、出された汁碗にも膾（なます）の器（うつわ）にも花びらが散りかかり、桜一色。酒も肴（さかな）もたっぷり用意され、満ち足りた感じの芭蕉たちの宴席は桜の花に包まれている。視覚の美に味覚・触覚まで詠み込んだ見事な句だ。花見が好まれるのはただたんに花の観賞ではなく飲食の楽しみ、みんなと場を共にする楽しみが備わっているからである。この句は、②なぜ日本人が花見を好むのか、への答えにもなっている。

桜は好きだが、花見は騒がしくていやと言う人がいる。私は静かに桜を眺めるのも、にぎやかな花見もどちらも好きだ。だが、桜なら北半球の温帯地域各地に咲いているが花見は日本にしかない。千年以上にわたって行われてきた花見はぜひ世界に伝えたい日本文化である。私は例年、海外からの留学生や研究者を誘ってお花見に出かける。花見の宴から秀逸（しゅういつ）な作品を生み出した芭蕉のような芸術家や日本研究者が外国人の中から現われるのを楽しみにしている。

53 ①「木の下に汁も膾（なます）も桜かな」とあるが、この中に込められた気持ちとして、最も適切なのはどれか。

1 桜が木の下に置いてあったお汁や膾の料理に舞い落ちて、料理が食べられなくなったことへの悔しさ

2 花吹雪（はなふぶき）の季節に満開の桜の木の下で、花見を満喫する喜び

3 桜の木の下で、ひらひらと舞い落ちる花を目に感じる淡い悲しみや切なさ
4 料理の上に静かに散りかかる花びらに感じる一種の空しさ

54 ②「なぜ日本人が花見を好むのか」とあるが、その主な原因は何か。
1 花の観賞だけではなく、飲食の楽しみ、みんなと場をともにする楽しみが備わっているから
2 美しく、ロマンチックな花に心が惹かれるから
3 桜が満開のシーズンになると、親友と集まって、詩歌を作ったり、美食を食べたりできるから
4 散る花を眺めていると、一種の悲しみや哀れのような気持ちが、人々の共感を呼ぶから

55 この文章で筆者が一番言いたいことはどれか、そのまとめとして正しいのはどれか。
1 花見は日本の独特の庶民文化として、いろいろな美しい作品を生み出している。
2 千年以上にわたって行われた花見という日本の独特な文化を世界に広く伝えたい。
3 花見の喧騒より、静かに桜の花を眺めていくよう日本人にすすめたい。
4 日本の文芸、芸術、芸能、衣装、料理などは全部桜の恩恵をこうむっているぐらいだから、桜は日本文化において欠かせない存在である。

(3)

新入社員は、入社後一、二ヶ月の間に、社会人としてのさまざまな洗礼を受ける。通勤ラッシュもその一つだろう。

日本女子大学文学部の本間教授は、さまざまな空間が、人間に及ぼす影響についての研究“空間行動学”を専門にしているが、通勤ラッシュについて、「人間には、パーソナルスペースという、他人がこれ以上近づいては困る距離、苦痛を感じる距離がある。この距離は状況によって変わるが、日本人の場合、一般的には120センチメートル前後。満員電車はそれを侵し、他人が自分の空間に入ってくる、他人の空間にも入らざるを得ない、非常にストレスが高まる空間」と述べている。

心身ともにストレスを最小限にとどめ、疲れずに過ごすことはできないものか。

本間氏は、多くのサラリーマンは、経験的に自衛手段(じえいしゅだん)を講(こう)じていると見ている。それは本や新聞を読む、ヘッドフォンで音楽や英会話のテープを聴く、ラジオで情報を得るなどである。

「これらは、自分にかかってくる刺激を、何かに集中することによって遮断(しゃだん)しようとする消極的な自己防衛といえる。また、多くの人が、周りの人間を“人”と見ないで、“も

の”と見なしている。“もの”であれば、パーソナルスペースに入られても苦痛を感じなくてすむ」と分析する。

運動不足解消の場、疲労回復の場にしてはというのは、東京学芸大学保健体育科の宮崎義憲助教授。（中略）

「人間はずっと同じ姿勢を続けることがいちばん疲れる。座って仕事をすることが多いサラリーマンは、帰りの電車は座るより、むしろ立ったほうが、腰などの局所（きょくしょ）疲労の回復にはよい。立って腰を回したり、アキレス腱（けん）を伸ばせば、その部分の血液循環が促され、筋肉疲労がとれる。」

56 「それは本や新聞を読む、ヘッドフォンで音楽や英会話のテープを聴く、ラジオで情報を得るなどである」とあるが、「それ」とは何か。

1　ストレスを解消する方法
2　サラリーマンが電車の中で講じる自衛手段
3　電車の中で疲れずに過ごす方法
4　運動不足の解消方法

57 この文章にテーマをつけるとしたら、どれが一番いいか。

1　新入社員が受ける洗礼
2　サラリーマンのストレス解消法
3　通勤電車内での過ごし方
4　通勤ラッシュの人間に及ぼす影響

58 この文章の内容に**合っていない**ものはどれか。

1　社会人になると、パーソナルスペースが狭くなることで苦痛に感じる若者が多い。
2　人はパーソナルスペースを他人に侵されると、ストレスが高まる。
3　満員電車の中での本を読む行為には、周りの情報を遮断する役割がある。
4　満員電車も疲労解消の場に成りうる。

問題10　次の文章を読んで、後の問いに対する答えとして最もよいものを、1·2·3·4から一つ選びなさい。

女性は、自分の快—不快という感情を根拠に生きようとします。快を求め、不快を避けているのです。これを忠実に実行するからこそ、女性は楽しく生きていけるのですが、しかし、多くの女性は、「自分が個人的に感じる不快は一般的な意味でも悪である」「自分が個人的に感じる快は一般的な意味でも善である」と、①あたかも普遍性があるかのように考えがちです。

女性の思考回路の基本は、「自分が楽しく生きていくため用」になっていますので、すくなくとも当人にとっては、不快＝悪、快＝善であることは間違いありませんが、人間一般まで含めた普遍性があるかと言うと、必ずしもそうとは限りません。②男性よりも普遍性はずっと高いのですが、但し書きが必要です。

それは、「自分にとって…」という但し書きです。

不快＝悪、というのは、不快と感じた女性にとって悪なのです。ほかの女性は快と感じるかもしれません。同じことをしても、快と感じた人はよいこととして受け取り、不快と感じた人は悪いこととして受け取ります。要するに、快＝善、という判断は、あくまでも快と感じたその女性にとって、という但し書きが必要なのです。

ただし、先ほど解説しましたように、女性の感じる快―不快には、かなり普遍性があるために一人の女性が快と感じることは「世間一般にとっても善である」ということが多いのです。これはすごい事実です。なぜなら、男性が感じる快と、世間一般の善との一致度は、女性よりも低いからです。

しかし、いつもいつも、女性の感じる快―不快の感情に普遍性があるかと言うと、そうではありません。とんでもないときに、自分の好みが出てしまうことがあります。

たとえば、会社の面接試験です。男性面接官が三時間もかかってやっと一人の人を評価するのに対し、女性は三分で評価を下すことができます。しかしこれはあくまでも（　③　）という判断です。会社にとって有用か無用かの判断ではありません。もちろん、当の女性面接官は、会社にとって有用な人材であるかどうかということを念頭において判断したつもりでいます。

ところが、女性は男性面接官の気がつかないところを指摘する能力がありますので、女性面接官と男性面接官の両方から意見を聞いて結論を出せば正解に近づきます。

また、女性面接官が有用なのは、入社希望者が女性である場合です。相手が美人であろうが、ナイスバディであろうが、「彼女にとって」いい人か悪い人かを冷静に判断します。この点、男性面接官の場合はだめです。相手が若くてきれいな女性だと、男性面接官は冷静に選んでいるつもりでも、ついつい私情が入ってしまいます。男性が男性を面接する場合は冷静かつ客観的に分析できても、相手が女性だと、私情が入ってしまうのです。まして相手が自分の好みのタイプの美人だったりすると、冷静に思考しているつもりでも、ついつい甘い点をつけてしまいます。世間は美人に甘い、というのはウソではありません。男性は、甘くしているつもりはないのですが、しかし、現実の行動は甘くなってしまうのです。

以上のように、④男と、女、どっちもどっち、長所と短所がありますので、それぞれいいところを活用するのが知恵のあるやり方と言えます。

59 ①「あたかも普遍性があるかのように考えがちです」とあるが、何を普遍性があると考えているのか。

1 自分がいいと思うことは世間でも善と考えていること
2 自分が嫌いなことはほかの人も嫌いだろうと信じ込むこと
3 自分にとって楽しくないことは、ほかの人も嫌だと思っていること
4 自分の感じ取ったことは、ほかの人も同感できると思い込んでいること

60 ②「男性よりも普遍性はずっと高いのですが、但し書きが必要です」とあるが、その説明として、正しいのはどれか。

1 女性の感覚は男性の感覚より普遍性は高いが、それは人間一般についての普遍性ではなく、ただ自分にとっての普遍性である。
2 すべての人にとって、「快」=「善」、「不快」=「悪」とは限らないので、それを述べる場合「但し」とつけ加えたほうがいい。
3 「快」=「善」、「不快」=「悪」は女性に限っていえることなので、男性の感覚を述べる場合、「但し」を書いたほうがいい。
4 男性の価値観は女性とはだいぶ違っているので、女性のことを言う場合、「但し」と書いたほうがいい。

61 （　③　）に入れる言葉として、正しいのはどれか。

1 「会社にとって」いい人か悪い人か
2 「その女性にとって」いい人か悪い人か
3 「男性面接官にとって」有用な人材であるかどうか
4 「世間一般にとって」有用な人材であるかどうか

62 ④「男と、女、どっちもどっち、長所と短所がありますので」とあるが、文章の内容と合っているものはどれか。

1 男性の面接官は女性に甘い点をつけてしまいがちである。
2 入社希望者がきれいな女性である場合、女性面接官は、その人を厳しく評価する嫌いがある。
3 女性の面接官は自分の好みのタイプの美人を甘く評価する嫌いがある。
4 入社希望者が男性である場合、男性面接官は客観的かつ冷静に分析できる。

問題11　次のAとBの記事を読んで、後の問いに対する答えとして最もよいものを、1・2・3・4から一つ選びなさい。

A

　若者中心に流行している「ＫＹ（空気読めない）」などローマ字式略語約４００語を収集したミニ辞典『ＫＹ式日本語』（大修館書店）が７日、出版される。ネット社会を背景に急増するＫＹ語の問題性も指摘した。

　この種の略語は、旧海軍の「ＭＭＫ（もてもてて困る）」など起源は古いが、近年、ローマ字入力で日本語を書くことに慣れたことや、携帯電話のメールやネットで楽に打ち込めることなどから広がった、と分析している。

　編著にあたった北原保雄・筑波大前学長（国語学）は、「言いにくいことを遠回しに表現したり仲間意識を高めたりするＫＹ語は、言葉遊びとしては面白いが、氾濫しすぎると、日本語の文末をあいまいにしてしまう問題点もある」と指摘している。

B

　ここ数年、急速に増えてきたのが、ローマ字を使った造語だ。これをまとめた『ＫＹ式日本語』が2月に出版され、5刷２０万部のベストセラーになっている。

　出版のきっかけは、大修館書店の明鏡国語辞典の宣伝グループが、辞典に載せたい新語を２００５～２００６年に公募したことだ。１１万件と予想を超える反響があったため、今度は、中高生が日常使っている言葉に限って昨年５～９月に再募集した。集まったのは4万４０４５件。最も多かったのが「ＫＹ」で、計１３１７件あったという。

　ＫＹの派生語では、「ＫＹＢ（空気読めないバカ）」「ＫＹＫＫ（空気読めないことに気がつかない）」など。

　明鏡の編者の北原保雄・元筑波大学長は、ＫＹ語を「究極の省略語と言えるが、仲間だけで文脈で理解し合う言葉が多いので消えていくのも早いだろう」と分析する。どうやら寿命は短そうだ。

63 二つの記事に共通して言っていることは何か。

1 『KY 式日本語』が出版されたきっかけ
2 KY 式略語が広まった背景状況
3 KY 式略語の起源
4 KY 式略語の使用状況

64 二つの記事の内容に合っているものはどれか。

1 KY 式略語はもともと海軍によって使われた暗語の一つである。
2 KY 式略語は仲間だけで理解しあえるもので、コミュニケーションに不便な言語である。
3 KY 式略語は若者の言葉遊びにすぎず、正しい日本語の使用が望ましい。
4 KY 式略語は一時的に使われる流行の言葉である可能性が高い。

65 KY 式言葉の説明について、記事の内容と合っているものはどれか。

1 KY 式日本語というのはローマ字を使って意味を表現する言葉である。
2 KY 式日本語は文末表現をやわらかくする役割がある。
3 KY 式日本語は仲間で使う言葉であって、正確な日本語ではない。
4 KY 式というのは自分のことは自分で解決すると言う意味だ。

問題 12 次の文章を読んで、後の問いに対する答えとして最もよいものを、1・2・3・4から一つ選びなさい。

リサイクルという用語には狭い意味と広い意味とがある。

狭い意味のリサイクルは再生利用といい、廃品や廃棄物などを原材料として再び利用することを指す。広い意味でのリサイクルとは資源循環とほぼ同義語で、再生利用のほかに製品の再利用(リユース)や、ごみの発電、油化、固形燃料化(RDF)、酸化剤としての利用などのさまざまな有効利用を含んだものである。したがって私たちはリサイクルという言葉に接するたびに、それが狭い意味で使われているのか、それとも広い意味で使われているのかを判断しなければならない。そうでないと、例えば(　①　)を言っているのに、リサイクル(再生利用)よりもリユース(再利用)のほうが大切だといって批判されるようなケースが生じてしまうことになる。(中略)

経済の回復と安定を図るためには、それに必要な量の生産と消費の活動が不可欠であり、だとすれば経済と環境との両立こそが求められなければならないはずである。無駄な生産や消費は徹底的に改めなければならないが、必要量の経済活動や消費生活から出てくる廃棄物は徹底的にリサイクルして、廃棄物の減量や資源の有効利用に努めること、②<u>これ</u>こそが問われているのである。こうしたリサイクル社会・循環型社会の建設によってこそ、環境と経済の両立が可能となるのである。

ところで、私はかねがねリサイクル社会を築く政策課題として三つの柱を考えてきた。三つの柱とは、経済、技術、それにコミュニティを指す。

まず、経済についてだが、リサイクル社会は、モラルなど精神面によるだけでなく、経済的な仕組みによって支えられない限り限度があり、長続きもしないはずである。リサイクル活動は、それ自体に多大なコストを要するうえに、再生資源の市場価格が低いことから苦境に立たされがちである。(中略)リサイクル活動を経済の現状に従属させるのではなく、リサイクルを維持、発展させる経済の仕組みをつくっていかなければならないはずである。

次に、リサイクル技術の発展は、リサイクル活動を活性化するとともに、コストの節約や、リサイクル活動がもたらす環境への負荷の軽減に大きな貢献をすることになる。

三つ目の柱はコミュニティであるが、ここでいうコミュニティとは家庭、地域社会、学校、職場、企業、あるいは自治体等々の、さまざまな集団単位、活動単位を指す。コミュニティ活動あるいはまちづくりとしてのリサイクル活動の側面は、その機械化、合理化、近代化がどんなに求められようと、今後とも大切にしていかなければならないはずである。

廃棄物の基本政策を考える場合、それぞれの自治体には、各地方の特性や条件を生かしながら、以上の三つの柱を有機的に結合していくこと、そしてそれによってリサイクル社会を築き発展させていくことが求められているのである。

66　（　①　）に入る最も適当なものはどれか。

1　狭い意味でのリサイクル　　　2　広い意味でのリサイクル

3　資源の有効利用　　　4　資源循環

67　②「これ」とは何か。

1　無駄な生産や消費を中止すること

2　経済の回復と安定のために経済活動を最優先にすること

3　リサイクルという言葉の狭い意味と広い意味を理解すること

4　必要量の生産と消費の活動のリサイクルを徹底的に行うこと

68　リサイクル活動のために経済ができることとして、正しいのはどれか。

1　先端技術で環境への負荷を減らす。

2　リサイクルに要するコストを計算する。

3　経済の現状に従属させ、再生資源を利用する。

4　リサイクルの維持と発展につながる経済の仕組みを立てる。

69 筆者の考えに合っているものはどれか。

1 捨てた製品をそのまま再利用するのは狭い意味でのリサイクルである。

2 経済と環境を両立するために、廃棄物の減量や資源の再利用に努めなければならない。

3 リサイクル社会は活動するだけでは長続きしない。モラル面における教育が必要だ。

4 コミュニティ活動の拡大にともない、ゴミの量も急増しているので、できるだけそれを減少させるべきだ。

問題13 次は、ある大学のホームページにある案内である。下の問いに対する答えとして最もよいものを、1·2·3·4から一つ選びなさい。

70 キムさんは東山大学の2年生で、研究会のために教室を借りたいと思っている。35名が参加し、大学のプロジェクターを2台使う予定だ。キムさんの希望に合う教室はどこか。また、書類は何を提出しなければならないか。

1 ②か③の教室で、どちらの教室を借りる場合もＣとＤを提出する。

2 ③か④の教室で、③の場合はＣとＤを、④の場合はＣを提出する。

3 ②の教室だけで、Ｃを提出する。

4 ③の教室だけで、ＣとＤを提出する。

71 演劇クラブは、6月23日(金)に演劇の公演を行うために「東山ホール」を借りたいと思っている。公演の前日に3時間ぐらいのリハーサルを行い、当日は7時間使用する予定だ。演劇クラブが最後にホールを借りたのは1年前だ。どのような手続きを進めなければならないか。いくら払わなければならないか。

1 学生課で説明を受け、ＡとＢを学生課に提出し、22,000円を払う。

2 学生課で説明を受けずに、Ａを施設管理委員会に提出し、32,000円を払う。

3 学生課で説明を受け、ＡとＢを学生課に提出し、26,000円を払う。

4 学生課で説明を受けずに、Ａを施設管理委員会に提出し、36,000円を払う。

ホーム＞東山大学について＞在学生向け＞施設貸出＞教室、東山ホール

教室、東山ホールの貸し出しについて

・在学生、大学公認の団体は、勉強会・学会・研究会などで教室やホールを使用することができます(学外団体への貸出は行っておりませんので、ご了承ください)。

・施設の利用を希望する場合は、必要な書類を学生課に提出してください。利用の可否は施設管理委員会が決定します。

＜教室の貸し出しについて＞

施設	定員	プロジェクター、スクリーン
①小教室(101～110)	20名	なし
②中教室(201～205)	20～40名	あり(各教室1台)
③中教室(301～305)	20～40名	なし
④階段教室(401～403)	40～80名	あり(各教室1台)

*備え付けのプロジェクターとスクリーンがない教室でこれらを使用したい場合や、2台以上使用したい場合は、学生課で借りられます。

＜東山ホールの貸し出しについて＞

・申請前に、代表者が学生課でホール使用に関する説明を受けてください。ただし、6か月以内にホールを使用したことがある場合は必要ありません。

・ホールの設備についての詳細は、「東山ホールについて」のページを参照してください。

＜利用料金について＞

教室	①～③小教室、中教室	無料
	④階段教室(401～403)	4時間まで2,000円/回 8時間まで4,000円/回
東山ホール		4時間まで12,000円/回 8時間まで20,000円/回

・リハーサルを行う場合は、半額となります。

・大学の休日(土日・祝日)は、10%増額になります。

＜提出書類について＞

種類	必要な場合
A.イベント開催申請書	学内でイベント・公演を開催する
B.ホール使用申請書	東山ホールを使用する
C.教室使用申請書	教室を使用する
D.備品借用届	備え付け以外の備品を追加で借りる

模擬テスト

第7回

聴　解

（55分）

問題1

問題1では、まず質問を聞いてください。それから話を聞いて、問題用紙の1から4の中から、最もよいものを一つ選んでください。

1番

1　会議室の予約をする
2　客を応接室に通す
3　客に書類を渡す
4　会議室にお茶を出す

2番

1　お皿を新聞紙で包む
2　布団を圧縮袋に入れる
3　大きな家具を解体する
4　パソコンのデータのバックアップを取る

3番

1　論文をすっきりした感じにまとめる
2　グラフをもっと入れる
3　目次のところを直す
4　重複しているところを直す

4番

1　いったん電話を切って、また後でかけなおす
2　そのまま林さんの電話が終わるのを待つ
3　折り返し会社に電話をかけてもらう
4　林さんの電話が終わり次第、出先にかけてもらう

5番

1　研究概要と調査計画書
2　研究概要と調査計画書とアンケート用紙
3　調査計画書とアンケート用紙
4　調査計画書とアンケート用紙とアンケートのトライアルの集計結果

問題2

問題2では、まず質問を聞いてください。そのあと、問題用紙の選択肢を読んでください。読む時間があります。それから話を聞いて、問題用紙の1から4の中から、最もよいものを一つ選んでください。

1番

1　環境保護のため
2　コストが低いから
3　人件費が高いから
4　運賃が高いから

2番

1　値段が安くないから
2　きれいではないから
3　自分の思考に影響するから
4　作家に貢献できないから

3番

1　会社でネクタイをしめない人が多いから
2　地球温暖化のため
3　二酸化炭素が出てくるから
4　お金がかかるから

4番

1　いつもより天気が暖かかったから
2　いつもより天気が寒かったから
3　体の具合がよくなかったから
4　費用が足りなかったから

5番

1　大気汚染
2　紫外線の増加
3　視覚情報の増加
4　精神的なストレス

6番

1　大きいということ
2　価格が昔のと変わらないこと
3　一度にコーヒーを多く入れられること
4　海外で生産されていること

問題 3

問題3では、問題用紙に何も印刷されていません。この問題は全体としてどんな内容かを聞く問題です。話の前に質問はありません。まず話を聞いてください。それから、質問と選択肢を聞いて、1から4の中から、最もよいものを一つ選んでください。

—メモ—

問題 4

問題4では、問題用紙に何も印刷されていません。まず、文を聞いてください。それから、それに対する返事を聞いて、1から3の中から、最もよいものを一つ選んでください。

—メモ—

問題5

問題5では長めの話を聞きます。この問題には練習はありません。

メモをとってもかまいません。

1番

問題用紙に何も印刷されていません。まず話を聞いてください。それから、質問と選択肢を聞いて、1から4の中から、最も良いものを一つ選んでください。

—メモ—

2番

まず話を聞いてください。それから、二つの質問を聞いて、それぞれ問題用紙の1から4の中から、最もよいものを一つ選んでください。

質問1

1 統計的な数値と人々の感覚との間のズレが大きいこと

2 アンケートの結果が実際と違うこと

3 身近な物が値下がりしていること

4 単価の高いものほどよく売れていること

質問2

1 統計的な数値と人々の感覚との間のズレが大きいこと

2 アンケートの結果が実際と違うこと

3 身近な物が値下がりしていること

4 単価の高いものほどよく売れていること

模擬テスト

第 8 回

言語知識（文字・語彙・文法）・読解

（110分）

言語知識（文字・語彙）

問題1 ＿＿＿＿の言葉の読み方として最もよいものを、1・2・3・4から一つ選びなさい。

1 事件の容疑者は夜の闇に紛れて逃亡した。

1 こじれて　2 まぎれて　3 とぎれて　4 かくれて

2 レシピを見ながら手際よく夕飯のおかずを作る。

1 しゅさい　2 てさい　3 しゅぎわ　4 てぎわ

3 午後、暇つぶしに駅前の商店街を冷やかして歩いた。

1 ひやかして　2 ついやかして　3 ひめやかして　4 あまやかして

4 まだ彼女のご両親から結婚の承諾を得ていません。

1 しょうにん　2 しょうだく　3 しょうじゃく　4 しょうたい

5 この種の犬は従順な性格で、人に懐きやすい。

1 なつき　2 なげき　3 きずき　4 はじき

6 今回の件で、改めてこの人は社長の器ではないと思った。

1 とだな　2 くさり　3 うつわ　4 ふもと

問題2 （　　　）に入れるのに最もよいものを、1・2・3・4から一つ選びなさい。

7 ご注文内容にかかわらず、送料は全国（　　　）250円です。

1 いちがい　2 いちりつ　3 いっさい　4 いちめん

8 このレストランは料理の盛り付けに工夫を（　　　）いる。

1 てらして　2 あらして　3 こらして　4 もらして

9 スポーツ選手として、オリンピックに（　　　）するのは夢である。

1 出席　2 出演　3 出現　4 出場

10 スタッフの（　　　）な態度でお客様の不満が爆発した。

1 ぞんざい　2 しんけん　3 おおげさ　4 ていねい

11 田中社長は昨年より（　　　）社長の後を継ぎ、社長に就任されました。

1 先祖　2 先代　3 先頭　4 先行

12　トラブルが発生した場合には(　　　　)対応が必要だ。

1　すばやい　　2　かしこい　　3　ねぶかい　　4　せつない

13　最近の布団は(　　　　)洗いができるものが多くなってきた。

1　片　　2　分　　3　丸　　4　全

問題3　＿＿＿＿の言葉に意味が最も近いものを、1·2·3·4から一つ選びなさい。

14　たっぷり愛情を込めた手作りのケーキにまさるおやつはない。

1　すぐれる　　2　すたれる　　3　おそれる　　4　あきれる

15　彼はあくどいやり方で金を儲けてきた。

1　有効な　　2　独特な　　3　悪質な　　4　誠実な

16　三日坊主を克服して、自分の夢をかなえるように頑張る。

1　おわらせる　　2　じょうしょうさせる

3　みつけられる　　4　じつげんさせる

17　この車についてしいて不満をあげれば、高級感に欠けることだ。

1　かろうじて　　2　むりに　　3　むやみに　　4　ひたすら

18　好きな人に対してわざとそっけない態度を取ることもある。

1　冷淡な　　2　誠実な　　3　明確な　　4　謙虚な

19　直木賞を受賞したことは一人前の作家として認められたあかしだ。

1　契機　　2　証明　　3　象徴　　4　根本

問題4　次の言葉の使い方として最もよいものを、1·2·3·4から一つ選びなさい。

20　意欲

1　周りの意見や世間の風潮に流されず自分の意欲で進路を決める。

2　生徒の学ぶ意欲を引き出すことが大きな課題だ。

3　本当の自由とは自らを束縛する意欲から解放されることだ。

4　契約の内容はお客様の意欲に沿ったものである。

21　貫く

1　危険な戦場に貫いてニュースを伝えようとする。

2　日ごろの努力が今日の成功に貫いてくれた。

3　外国暮らしも6年目になるが、なかなか貫けないものだ。

4　自分の主張を最後まで貫いて譲らない。

22　斡旋

1　日本ではホームステイを斡旋する業者が増えている。

2　頭の斡旋が悪くて話題についていけないときもある。

3　外国人の友人ができて、英会話を斡旋するチャンスが広がる。

4　新人は斡旋して電話を取るべきだ。

23　うぬぼれる

1　湖の周りを散歩していたら、うぬぼれそうになっている男を見かけた。

2　今日は特にすることもなくパソコン遊びにうぬぼれている。

3　自分の長所にうぬぼれてはならないし、自分の短所に劣等感を持つ必要もない。

4　私がうぬぼれるとき、彼はいつも暖かく力強く励ましてくれる。

24　ちょくちょく

1　仕事のことで父はちょくちょく海外へ出かけるようになった。

2　学校が終わってからちょくちょく家に向かった。

3　ちょくちょく本人に何がほしいかを聞いてみるのが一番無難だ。

4　私たち姉妹3人がちょくちょく母の看病をした。

25　デザート

1　ティファニーの結婚指輪は洗練されたデザートで人気を博している。

2　デザートとは、食事のあとに出される果物や菓子のことをいう。

3　万が一の事態に備えて大切なデザートのバックアップを習慣づける。

4　各デザートでバレンタイン商戦がピークを迎えている。

言語知識（文法）

問題5　次の文の（　　　　）に入れるのに最もよいものを、1・2・3・4から一つ選びなさい。

26　張り紙には「関係者以外、立ち入る（　　　　）」と書いてある。
1　きらいがある　　2　にかたくない
3　べからず　　4　を禁じ得ない

27　この商品は発売されて以来、高い人気をキープし続けてきた。（　　　　）最近、供給過剰のせいか、売れ行きが伸び悩んでいる。
1　それが　　2　それは　　3　それも　　4　それに

28　30年間1日も欠かす（　　　　）出勤してきた佐々木さんは、今年定年退職を迎える。
1　ともなしに　　2　ことなしに　　3　ともなると　　4　ことのないよう

29　もっと早く悩みを打ち明けてくれれば、みんなが助けてあげた（　　　　）。
1　ものを　　2　ものだ　　3　ところを　　4　ところだ

30　最近、スマホの使いすぎによる脳過労は、ひとり社会人（　　　　）、小中学生の子どもでも深刻化してきた。
1　にかかわらず　　2　いかんによらず
3　を問わず　　4　のみならず

31　資金調達がうまくいかず、プロジェクトは中止（　　　　）。
1　を余儀なくさせた　　2　を余儀なくされた
3　にほかならない　　4　にこしたことはない

32　冗談にも（　　　　）がある。言葉に気をつけなさい。
1　わけ　　2　きり　　3　むき　　4　ほど

33　応援してくれる母の気持ちを考えると、やめるとは、（　　　　）言えない。
1　言おうが　　2　言うに　　3　言おうと　　4　言うや

34　人はトップの座につくと、（　　　　）独断的な判断を下しがちになる。
1　ともあろうものが　　2　どうにかして

3　どちらからともなく　　　　　4　ともすれば

35　彼は有名人といっても、地元の雑誌か新聞で紹介されたことがある(　　　　)。

1　というものだ　　　　　2　には及ばない

3　というところだ　　　　4　には無理がある

問題6　次の文の ＿★＿ に入る最もよいものを、1・2・3・4から一つ選びなさい。

36　息子は念願の大学に入学できたが、＿＿ ＿＿ ＿★＿ ＿＿、けっこう大変そうだ。

1　いけなかったりして　　　2　勉強について

3　入ったら　　　　　　　　4　入ったで

37　今の医療技術 ＿＿ ＿＿ ＿★＿ ＿＿ この病気は、50年前には不治の病と考えられていた。

1　すれば　　　　　2　かもしれない

3　治せる　　　　　4　をもって

38　この病気は ＿＿ ＿＿ ＿★＿ ＿＿ 治らないこともある。

1　発作が　　2　半日は　　3　起こると　　4　ひとたび

39　もうこんな時間に ＿＿ ＿＿ ＿★＿ ＿＿ 間に合いそうもない。

1　今から　　2　出かけた　　3　ところで　　4　なって

40　彼の ＿＿ ＿＿ ＿★＿ ＿＿ しかたがない。

1　職務怠慢と　　2　仕事ぶりでは　　3　いわれても　　4　あんな

問題7　次の文章の読んで、41 から 45 の中に入る最もよいものを、1・2・3・4から一つ選びなさい。

以下は、雑誌のコラムである。

人から何かを頼まれたり、誘われたときに、「忙しい」と言って断ることは多い。「申し訳ありませんが、今は忙しくて無理です」「いやあ、ぜひ行きたいけれど、バタバタして、それどころじゃなくて」「まだ子どもに手がかかって忙しくて」などなど。

そして、「忙しい」ことを言い訳にすれば、断られたほうも、「それじゃあ、仕方ないか」と、納得するだろう。

たしかに、今の社会、普通に生活していれば、暇な人など少ないだろう。何らかの役割を果たしていれば、誰でも同じように忙しいはずだ。

プライベートな依頼や誘いであれば、たいていは「忙しい」ことを口実にすれば、断られたほうも納得し、関係に角がたたない。だが、いつもワンパターンで「忙しい」と断るのも、野暮(やぼ)(注)な言い訳だ。いつもそう断っていたら、だんだん[41]。

ビジネスの場でも、「忙しくて…」という言い訳は頻繁に使われる。だが、仕事の依頼に対して、この断り方はあまりに能がない。この言い訳を繰り返していると、仕事ができない人と[42]。仕事のできる人は、猛烈に忙しいなかでも、しっかりと着実に、仕事を進めているものだ。

会社のなかで、「忙しくてできませんでした」「昨日、部長に仕事を突然命じられたので、できませんでした」などと平気で言い訳をする人がいる。むしろ、[43]、このように言うのではないかと思えるほどだ。

[44]、それなりに忙しくて大変なのだろう。部長に突然仕事を頼まれたらいやとは言えず、ほかよりも優先せざるをえなかったのだろう。そのために、ほかの仕事に支障が出たのはよくわかる。だからといって、それ以前からするべき仕事をしなくてよい[45]。

仕事をしていれば誰でも同じように忙しいのだ。いかに忙しいからといって、それを理由に、約束の仕事ができなかった言い訳にはできない。

(注)野暮(やぼ)だ：気がきかない

41
1 誘いにくくなってしまうだろう
2 誘われそうになってしまうだろう
3 誘われなくなってしまうだろう
4 誘いにくくしてしまうだろう

42
1 思われかねない　　2 思われかねる
3 思われないですむ　　4 思われないでいる

43
1 暇な人にかぎらず　　2 暇な人にかぎって
3 仕事のできる人にかぎらず　　4 仕事のできる人にかぎって

44 1 したがって 2 もちろん 3 ところが 4 とはいえ

45 1 ということにしてもよい 2 ということにせねばならない

3 ということにならざるをえない 4 ということにはならない

読　解

問題8　次の文章を読んで、後の問いに対する答えとして最もよいものを、1･2･3･4から一つ選びなさい。

(1)

痛みを伴う慢性疾患は高齢者に多い。このため鎮痛剤の使用も多くなる。使用期間も長くなる。腎機能、肝機能が衰えていることに留意して、なるべく少なく、副作用の少ないものを選び、時々血液の検査を行って、副作用をチェックしていくことなどが医学の常識となっている。患者自身も間違えて一度にたくさん飲んだり、痛みが軽減した後も飲み続けることなどないよう、簡単な注意を守ることが大切である。

46　この文章は何についての注意点であるか。

1　鎮痛剤の使用
2　医学の常識
3　副作用のチェック
4　高齢者の慢性疾患

(2)

報道のなかに意見を持ち込むことは、たしかに戒むべきである。しかし意見というものは、つねにニュースへの関心を触発する。意見がニュースをつくり、ニュースが意見を創るのだ。交通事故のニュースは、交通の安全を確保すべきであるという意見に支えられてこそ、はじめて意味を持つ。両者はあくまで相互規定的な関係にある。さまざまなニュースを評価して紙面を作る作業、それ自体がすでに意見を前提としているのではないか。この意味で純粋に客観的な報道などというものはあり得ない。

47　筆者の考えに合うのはどれか。

1　報道という作業は意見に基づいて作られたものだ。
2　交通事故のニュースについて意見を言うのはよくない。
3　ニュースへの関心があってはじめてニュースが作られる。
4　意見を持ち込まなければ、純粋に客観的な報道が成り立つ。

(3)

日本人には「水は天からのもらい水」という古い言葉がある。この言葉が現代にも生きつづけているので、水が無駄使いされているのだ、と説明されたりする。わたしもかつてそう説明してきたものであった。が、はたしてそうだったろうか。それならばこの社会は水以外のどの資源を、どの加工品を大切に扱ってきたというのだろう。今では私自身、この考え方を改めなければならなくなっている。この言葉の持つ古い水思想は水を自然物として認識する思想であり、現代の水思想とはその自然観においてまさに正反対だったのである。

48 「現代の水思想とはその自然観においてまさに正反対」とあるが、「その自然観」の説明について正しいのはどれか。

1 水は天からただでもらえるものだという考え方

2 水以外の資源を大切に扱わなければならないという考え方

3 「水は天からのもらい水」という現代の水思想

4 水を加工品として、無駄使いしてはいけないという考え方

(4)

科学は、洪水ならば洪水全体の問題を取り上げ、それに対して、どういう対策を立てるべきかということには大いに役に立つ。すなわち多数の例について全般的に見る場合には、科学は非常に強力なものである。しかし全体の中の個の問題、あるいは予期されないことがただ一度に起きたというような場合には、案外役に立たない。しかしそれは仕方がないのであって、科学というものは、本来そういう性質の学問なのである。

49 文章の内容と合っているものはどれか。

1 科学はある特定の地域に起きた問題を取り上げ、研究する学問だ。

2 科学は個々の問題や、一度だけ起こったことについて研究する学問だ。

3 科学は一見役に立たないようなことでも取り上げて研究する学問だ。

4 科学は多数の例がある問題について全般的に研究する学問だ。

問題9　次の文章を読んで、後の問いに対する答えとして最もよいものを、1·2·3·4から一つ選びなさい。

(1)

「日本語は外国人に分からないむずかしい言葉だ」という思い込みは、日本人の間にまだ強いようだ。われわれは、外国人がたくみに日本語を操る光景に出くわすと、思わず

賞賛したくなるし、眼や髪が黒く、皮膚も黄土色の人が日本語を使えない場面に接すると、一瞬異様な感じを受けることがある。「いや私は国際的だからそんなことはない」と自負する人でも、日系人と初めて対面したときには、思わず日本語で話しかけるだろうし、その人が全然日本語が分からないことを知ると、「ああ、そうだった。この人は外国人なんだ」と考え直し、①そのことを意識して話すようになる。

このごろは日本語の達者な外国人が多くなっているので、日本人は外国人が日本語を操る情景にもなれてきた、という見解は、一見もっとものように響いている。

だが、現実はそうではない。国際交流基金に勤めていたころ、私は、招聘した日本語学者や日本語教師など三百人ほどの外国人を対象に、日本語で日本人に声をかけたときの反応を聞くようにしていたが、今なお、十人に三人ぐらいは②「黙って逃げられた」「英語らしい言葉で返答された」という経験を報告してきた。③外国人の日本語の正確さや明晰さが反応に影響することも考慮に入れなければならないが、それでも、かなり流暢に話す人の中からも、上のような報告があるのだ。

どうもわたしたち日本人は、まず相手の姿形、皮膚や眼の色を目で確かめて、そのあとでその人の音声を耳で聞き取ろうとするようだ。

50 ①「そのことを意識して話すようになる」とあるが、何を意識するのか。

1 この日系人が日本語をむずかしいと感じていること
2 この日系人には日本語が通じないということ
3 この日本人は国際人だと自負しているが、日本語が分からないということ
4 この日系人は巧みに日本語を操る外国人であること

51 ②「『黙って逃げられた』『英語らしい言葉で返答された』」とあるが、黙って逃げたり英語らしい言葉で返答するのは誰か。

1 日本人に声をかけた外国人
2 声をかけられた日本人
3 国際交流基金に勤めていた人たち
4 外国語を勉強している日本人

52 ③「外国人の日本語の正確さや明晰さが反応に影響することも考慮に入れなければならないが」とあるが、ここではどういう意味か。

1 外国人の話す日本語が正確ではっきりしていても、話しかけられた日本人は返答に困るかもしれない。
2 日本語で日本人に話しかけたときの反応は、外国人の話す日本語の正確さや明晰さに影響されない。
3 外国人の話す日本語が正しくはっきりしていれば、話しかけられた日本人もに

げたり、英語らしい言葉で返答することはないかもしれない。

4 外国人は、自分が話す日本語の正確さや明晰さが日本人に与える影響を考慮しなければならない。

(2)

動物界では、模倣はたいへん一般的な習性である。なぜ模倣が一般的であってよいか。それは、模倣するものが、モデルとは違って主体であることが大前提だからである。異なった主体が意識的、無意識的にかかわらず、先行する形式の何らかの影響下において同じ形式を採用するとき、①<u>われわれはそれを模倣と名づける</u>。

異なった主体が同じ形式を採用するのだから、そのものは決してコピーにはなれない。どこか思いもよらぬところが、かならず違ってくる。(中略)

日本人が大変うまく車を作る、というのが話題になって久しい。車のもとは西洋から入ったものだ、というのが西洋人の言い分であり、それはそのとおりである。しかし、このものまねが良いか悪いか、それは別問題である。

まねだからいけないという意見もあるし、もとのものより良くなって何が悪いという意見もある。問題は、②<u>その良い悪いをはかる「物差し」</u>である。何が良くて、何が悪いのか。答えがそう簡単でないことは、とうに皆様が御存知のことであろう。

ただ、われわれもそろそろ、物差しはむこうにあずけっぱなし、作品だけうまく作れば良い、という態度は卒業するべきであろう。善悪好悪の判断を定めるのは、大人にとって、じつは案外むずかしい。何が創造であり、何が模倣であるか。創造と模倣の基準を定めるのもまた、その物差しである。創造と模倣を定める基準はおそらく科学でも技術でもないものであろう。判断基準を定めるもの、それを古人は「学問」と呼んだらしいのである。

53 ①「<u>われわれはそれを模倣と名づける</u>」とあるが、「模倣」の説明について、文章の内容と合っているのはどれか。

1 模倣はモデルとは違った主体が意識的にモデルと同じ行動をすることである。

2 模倣は動物だけでなく、一般の生物界に共通する習性のようなものだ。

3 模倣で作ったものは必ずどこかでモデルと違っているところがある。

4 模倣で作ったものは質やデザインにおいてはモデルより劣っている。

54 ②「<u>その良い悪いをはかる『物差し』</u>」とあるが、「物差し」の説明について正しいのはどれか。

1 真似をすることが良いか悪いかという「物差し」を定めることは難しい。

2 まねることがいいか悪いかは別として、まねた作品さえうまくできればそれでいい。

3 まねること自体はよくないが、まねで作ったものが元のものよりうまくできた場合、賞賛すべきだ。

4 科学や技術における模倣と創造の基準を定める物差しは一種の学問だと現代人は考えている。

55 筆者の考えに合うのはどれか。

1 いい作品を作れば、模倣であっても認められるはずだ。

2 創造と模倣を定める基準は科学でも技術でもないが、それほど難しくない。

3 善悪好悪を定めるのは難しいから、模倣ではなく新しいものを作り出すべきだ。

4 いい作品を作るだけでなく、創造と模倣を定める基準も明らかにすべきだ。

(3)

いまやほとんどの子どもたちは、第一線のビジネスマンのように、①いそがしさに追いまくられる生活をしている。パソコンと携帯電話は小学生でも必需品になっているのだ。遊びに行くときも、スケジュールを確認し、アポイントメントをとってからでないと困難だし、一日のうちでぼっとできる時間は、三十分とか一時間なのだそうだ。

原因は学校ではなく、学習塾と習い事にある。塾での受験勉強とサッカーや水泳などのスポーツクラブ、音楽や美術といった習い事。その三種類をこなせば、平日の自由時間のほとんどを奪われてしまうのは当然である。

先日、ぼくはある大手出版社の取締役と話をした。その会社では入社試験の際、出身大学を記入する欄は用紙のなかにないという。無理やり自分の大学名を書いたりすると、逆に反感をもたれて、選考からはずされたりするそうだ。これはその会社だけでなく、一流企業といわれている多くの会社が、②すでに採用している方法である。大学名をまったく調べず、選考のポイントにしないとまではいかなくても、すでに大学時代の成績などは評価外としている企業もずいぶんある。

③すると、大学のブランド神話はとうに崩壊しているのではないか。あの神話が価値をもっていたのは、その大学を出れば一流企業への入社に有利で、いったん入ってしまえば、終身雇用で安定した生涯が保証されていたからなのだ。現在では、入社試験では大学の名に力はなく、終身雇用制はほとんど崩壊している。新卒社員の三分の一が、三年内に最初入った会社を辞めてしまう時代なのだ。

56 ①「いそがしさに追いまくられる生活をしている」とあるが、なぜ子どもたちは忙しいのか。

1　パソコンと携帯電話を使う練習をするから
2　遊ぶ時はアポイントメントをとる必要があるから
3　学習塾に行ったり、習い事をしたりしているから
4　平日は毎日サッカーや水泳をしているから

57　②「すでに採用している方法である」とあるが、どんな方法か。
1　入社試験の際に出身大学名を選考のポイントにする。
2　入社試験の際に専攻を選考のポイントにしない。
3　入社試験の際に出身大学名を選考のポイントにしない。
4　入社試験の際に大学時代の成績を選考のポイントにする。

58　③「すると、大学のブランド神話はとうに崩壊しているのではないか」とあるが、筆者がこう言っている理由は何か。
1　有名な大学を卒業すると、安定した生涯が保証されるということが現実のことになったから
2　社会が大学卒業者を必要としなくなっているので、就職することが難しくなったから
3　有名な大学を卒業するとみな一流企業に就職するが、その三分の一が安い給料をもらっているから
4　有名大学を卒業すると一流企業への入社に有利で、生涯安定した生活が送れるという保証がなくなったから

問題10　次の文章を読んで、後の問いに対する答えとして最もよいものを、1･2･3･4から一つ選びなさい。

記憶は脳の大切なはたらきである。もし、「昔のことを覚えている」という心のはたらきや、それを支える脳の仕組みがなくなってしまうと、私たちは永遠に「現在」に閉じこめられてしまう。生まれ落ちてから死ぬまで、折りに触れ人生を振り返ってそれを愛おしむこともできなくなってしまう。記憶という脳のはたらきがあるからこそ、私たちは①人間らしい人生を享受することができるのである。

②記憶を支える脳のはたらきについては、現在、盛んに研究されている。記憶が最終的に蓄えられる大脳皮質の側頭葉、それを支える海馬といった領域の仕組みが、徐々に明らかにされてきている。「1日のうちに体験することは膨大だが、なぜそのうちの一部分だけが記憶され、他のものは忘れられてしまうのか」。無意識のうちに書き込むべき記憶を選別している、脳の情動系のはたらきも明らかになってきている。

また、記憶は、過去を振り返るだけではなく、未来に何が起こるかを予想すること

や、新しいものを生み出す「創造性」のはたらきとも関係している。実際、未来を予想するときに活動する脳の領域は、過去を思い出す際にはたらく脳の領域に近いことが知られているし、創造する際には、思い出すときと同じように、「何かを知っている」という感覚が先導役になると言われている。「創造することは思い出すことに似ている」と断言する世界的な数学者もいるくらいである。

インターネット上にさまざまな情報が飛び交う現代において、自らが過去に体験したことを思い出すことは、ますます大切になってきているのではないか。情報は、単に外からやってくるだけではない、自ら中から掘り起こすものでもある。無意識の深層に眠っていて、長い間思い出すことのなかった記憶を想起し、揺り動かし、溶かしているうちに、次第に何かが立ち上がってくる。昔の時間がよみがえってくる。

人間は、現代に生きる存在であるとともに、③過去をもう一度生き直すこともできる存在である。とりわけ、戦争や災害、事件といった、人類・社会に大きな影響を与えるできごとについては、折りに触れ思い出し、記憶を新たにしていく必要があるのではないか。

「あのときあんなことがあった」という生き生きとしたエピソード記憶を心の中でよみがえらせることができるのは、人間を含む少数の動物だけに天が与えた(高度に発達したものとしては、人間だけが持つ)特別な能力らしい。もちろん、忘れることが福音である場合もあるが、「思い出す」という人間の特権を、大切にしたいと思う。

59 ①「人間らしい人生」とはどんな人生か。

1 未来を予想し、頑張り続ける人生
2 過去も未来もなく、今を生きる人生
3 年を取るにつれて、嫌なことを忘れていく人生
4 過去のことを覚えていて、振り返ることができる人生

60 ②「記憶を支える脳のはたらき」とあるが、その説明について合っているものはどれか。

1 一日の出来事は膨大なので、その中から自分にとって有利な情報を主動的に選び出し、記憶している。
2 記憶は過去のことを思い出す役割があるだけでなく、新しい事柄を創造することもできる。
3 未来を予想するときより過去を振り返るときに活動する脳の領域が広い。
4 人間の記憶は無意識の深層に眠っている記憶を想起することによって、昔の時間がよみがえってくる。

61 ③「<u>過去をもう一度生き直すこともできる存在である</u>」とあるが、その説明について正しいのはどれか。

1 自分の記憶を通して、過去に戻って、もう一度生き直すことができる。

2 過去の物事に対する記憶に新しく思い出したことを付け加えることができる。

3 記憶によって、忘れかけていたことをもう一度よみがえることができる。

4 人間は戦争や事件、災害の映像資料を見ることによって、過去の時代に戻ることができる。

62 文章の内容と合っているものはどれか。

1 過去のことを思い出す特別の能力をもっているのは人間だけである。

2 「記憶力」は新しいことを生み出すときにも必要なので、記憶力のいい人は創造性も高いと推測できる。

3 人間は未来のことについて予想するときも昔の記憶に頼るところがある。

4 過去の記憶が消えたら、私たちは永遠に「現在」と「未来」という空間に閉じ込められてしまう。

問題11　次のAとBの記事を読んで、後の問いに対する答えとして最もよいものを、1・2・3・4から一つ選びなさい。

A

中国国家統計局は21日、2009年の国内総生産（GDP）成長率が物価変動の影響を除いた実質で8・7%だったと発表した。中国の2009年10～12月の実質成長率は前年同期比10・7%と、金融危機が深刻化する前の伸びを回復した。

中国政府が目標としてきた「2009年8%成長」は達成、4兆元（約53兆円）の内需拡大策が大きく貢献した。鉄道や高速道路などのインフラ整備を中心に2009年の固定資産投資は30・1%増と高い伸びを記録、新車販売台数が初めて米国を抜いて世界首位になるなど個人消費も堅調だった。低迷が続いた外需も、2009年12月単月の輸出額が1年2カ月ぶりに前年同月を上回るなど改善の動きが出ている。

だが、不動産市場で「バブル」が指摘されるなど、財政出動や大幅な金融緩和の弊害も目立ち始めている。中国政府は景気過熱やインフレへの警戒も強め、経済政策の調整を進めるとみられる。

B

中国国家統計局は21日、2009年10～12月期の国内総生産（GDP）が実質で前年同期に比べ10・7%増えたと発表した。四半期の速報ベースで2けた成長になるのは2008年4～6月期以来、6四半期ぶり。

2008年前半まで2けた成長を続けた中国経済は、金融危機の影響で同年秋から急減速。2009年1～3月期のGDP伸び率は、四半期ベースの統計をさかのぼれる1992年以降で最低の6・1%（速報値）まで落ち込んだが、その後V字型の回復軌道をたどっている姿が鮮明になった。中国人民銀行（中央銀行）など金融当局が金融政策を引き締め方向に修正する動きが強まるとの観測も浮上している。

景気回復の原動力になったのは、中国政府が2008年11月に打ち出した総投資額4兆元の景気刺激策である。

63　AとBのどちらの記事にも触れられている内容はどれか。

1　2009年四半期ごとの経済成長率

2　景気過熱による不動産市場のバブル

3　4兆元投資の経済回復への貢献

4　金融当局が公表した新たな金融政策の内容

64　AとBの記事に共通して言っていることは何か。

1　2009年中国のGDP成長率は8%に達し、年初の目標を達成したこと

2　2009年に中国の自動車販売台数がアメリカを抜いて、世界トップに躍り出たこと

3　2009年第四四半期の輸出額は2008年同期を上回ったこと

4　中国経済の回復に伴って、景気過熱の懸念が浮上していること

65　中国の国内総生産(GDP)について述べた内容として、正しいのはどれか。

1　2009年第一四半期のGDP成長率は1992年の最低値を下回った。

2　2009年第四四半期のGDP成長率は6四半期ぶりの二ケタ成長を実現した。

3　金融危機の影響を受けて、2008年第二四半期からGDP成長率は急減速しはじめた。

4　政府の景気刺激策により、2009年「8%成長」を実現した中国GDP成長率は世界首位であった。

N1全真模拟试题

問題12　次の文章を読んで、後の問いに対する答えとして最もよいものを、1・2・3・4から一つ選びなさい。

わたしたちは、空間とともに、もうひとつの要素である①時間によるしきりを行っている。まずはすぐ思いつくのは「正月」による年のしきり、あるいは三月の年度末と四月の年度はじめなどである。

三月の年度末と四月の年度はじめは、おそらく農業的サイクルによって決定されていたのだと思われる。かつて、農業的な時間のしきりがわたしたちの時間のしきりに大きな割合をしめていた。種を蒔き、苗を植え、収穫するというサイクル。また、収穫後の秋の祭りをはじめさまざまな祭事なども、農業的時間の中で位置づけられていたはずである。たとえば収穫後の秋の祭りは、まさに一年の収穫を終えたしきりである。

アメリカのエンジニア的デザイナー、建築家であり、巨大ドームの設計で知られるリチャード・バックミンスター・フラーは、予算計画をはじめとするあらゆるプロジェクトの計画が年度でしきられることを批判していた。というのも、インダストリアルなプロジェクトは、農業的な時間とはまったく異なっており、年度でしきられるものではないというのである。

②そうした意味でいうなら、現在のわたしたちの時間は、グローバルな電子情報が昼夜区別(しきり)なく行き交っており、二十四時間のしきりや、さらには、ヘンリー・フォードによって打ち立てられた産業的社会時間のしきりも意味をなさなくなってきている。フォードは、朝九時にはじまり夕方五時に終了するという工場の時間的区切り(しきり)を設けた。このことによって、フォードに関連する生産工場は、同じ時間帯での稼動を行うことになる。その結果、フォードの時間の区切りが社会的な時間となっていく。

現在の日本の産業は、フォードの時間とまったく同一の時間割になってはいないが、③形式的には同じである。朝八時か九時にはじまり、夕方五時か六時に終わる。就業時間は、パブリックな時間であり、その時間が終わると、プライベートな時間に切り替わる。職種によっては、かならずしもオフィスや工場などで就業するとはかぎらない。営業や販売促進などの部門にいる人々は、オフィスや工場以外の場所にいることが少なくない。しかし、そうした職種の人々も、たとえばオフィスや工場から離れた場所にいても、それとなく就業時間、つまりパブリックな時間の中にいるというしきり感覚をもっており、プライベートな行為(たとえば個人的買い物など)を控える。外出先にあってもプライベートな時間帯に入るのを待って、個人的な行為をする。

とはいえ、この時間的なしきりは、日本ではあいまいにすることも意識的に行われてきた。

66 ①「時間によるしきり」とあるが、その説明について正しいのはどれか。

1 昔は農業のサイクルによって決められ、秋の祭りは一年の終わりだとされていた。

2 日本の産業も基本的には同一の時間割を使っていて、従業員は就業時間とプライベートの時間のしきりを守っている。

3 フォード時間は社会の共通労働時間をルールとして決め、今日に至ってもなお多くの会社に使われている。

4 アメリカではほとんど予算計画によって、年度の時間のしきりを決めている。

67 ②「そうした意味でいうなら」とあるが、「そうした意味」は何を指しているか。

1 農業のサイクルによってしきられた時間

2 アメリカの年度計画

3 プロジェクトなどによって仕切られた時間

4 産業的な社会時間

68 ③「形式的には同じである」とはどういう意味か。

1 現在の日本人も朝八時から夕方五時まで働いている。

2 就業時間であっても、日本人はプライベートなことをする。

3 日本でも、就業時間とプライベートな時間がはっきり分けられている。

4 営業や販売促進などの部門の人は、オフィスや工場以外の場所で働いていることが多い。

69 文章の内容と合っているものはどれか。

1 日本の時間のしきりは欧米に比べて、より曖昧なところがある。

2 プロジェクトのデザインは農業時間の仕切り方とは違って、年単位で仕切られている。

3 フォードに関連する会社は基本的には同じ時間帯で稼動している。

4 営業や販売に従事する人は社内にいなくても、就業時間を守らなければならない。

問題13 次は、あるスポーツクラブのチラシである。下の問いに対する答えとして最もよいものを、1·2·3·4から一つ選びなさい。

70 岸田さんは会社員で、小学4年生の娘と同じ教室に参加しようと考えている。平日の夜と週末は大丈夫です。市民センターの近くに住んでいるので、そこの教室がいい。岸田さんはどれを選ぶか。

1　①か②　　2　②だけ　　3　①か⑤　　4　⑥だけ

71　木下さんは家族と3人で津端スポーツクラブに入会したいと考えている。小学4年生の息子を「④子どもバトミントン」に行かせ、自分は妻と一緒に「①卓球」に行く。全部でいくら払わなければならないか。

1　9,600円　　2　10,100円　　3　13,040円　　4　13,900円

N1全真模拟试题

令和5年度　津端スポーツクラブ

会員募集中

年齢、性別に関係なく誰でも気軽に参加できる、自主運営型の地域スポーツクラブです。みんなで元気に、明るく運動し、健全・健康な地域づくりをともに頑張りましょう。

<教室のご案内>

教　室	曜日	時　間	回数	対　象　者	募集人数（7/19現在）
①卓球	金	13:30～15:00	30	どなたでもOK	10
②親子空手道	土	9:00～11:00	35	親子または大人だけの参加 ※小学生のみの参加もOK	5
③ラグビー	水	16:00～17:00	30	小学1年生以上	5
④子どもバトミントン	月	19:00～20:30	35	小学3年生～中学3年生	10
⑤剣道	日	13:30～15:00	30	どなたでもOK	募集終了
⑥健康体操	火	9:00～11:00	30	初心者大歓迎	10

※①②⑤⑥の場所は市民センター、③④の場所は津端小学校グラウンドです。

※申し込みは先着順となり、定員になり次第締め切りとさせていただきます。

<会費について>

教室開催は基本回数30回とし、31回以上と2教室目から付加金が必要です。

基本会費		大人　5,000円	子ども（中学生以下） 2,000円
教室参加回数付加金	30回以下	0円	0円
	31回以上	大人　1,000円	子ども　500円
複数教室加入付加金		1教室につき 大人　1,000円	1教室につき 子ども　500円
スポーツ安全保険		大人　1,500円 ただし、65歳以上　1,200円	子ども　800円

（注）基本会費の家族割引あり、3人で20%OFF。

※入会後の会費は返金できませんのでご了承ください。

お問い合わせ先・申し込み場所

白浜市青木町5丁目1番地　津端スポーツクラブ事務所

電話:05-4123-7895（月～金　9:00～17:00）

模擬テスト

第 8 回

聴　解

（55分）

問題1

問題1では、まず質問を聞いてください。それから話を聞いて、問題用紙の1から4の中から、最もよいものを一つ選んでください。

1番

1　シート＋上着＋エアクッション

2　シート＋懐中電灯＋ゴミ袋

3　シート＋エアクッション＋ゴミ袋

4　シート＋上着＋懐中電灯

2番

1　研究のテーマ

2　研究背景や目的

3　研究の方法

4　参考文献

3番

1　前日までにインターネットで

2　前日までに劇場の窓口で

3　当日インターネットで

4　当日劇場の窓口で

4番

1　英語検定1級

2　秘書検定3級

3　秘書検定2級

4　旅行主任者

5番

1　お客様に不良品を持ってきてもらって、原因を調べる

2　すぐ新しい毛布をヤマダ家電に持っていく

3　すぐ不良品を取りに行く

4　すぐお客さんに謝りに行く

問題2

問題2では、まず質問を聞いてください。そのあと、問題用紙の選択肢を読んでください。読む時間があります。それから話を聞いて、問題用紙の1から４の中から、最もよいものを一つ選んでください。

1番

1　8,700円　　2　3,500円　　3　4,800円　　4　10,000円

2番

1　夏は日よけになり、冬は葉が落ちて日当たりがよくなるから
2　夏も冬も日よけになるから
3　夏は日よけにならないが、冬は日よけになるから
4　夏も冬も日当たりがよくなるから

3番

1　物語の中に嘘の部分が少ないこと
2　読者が登場人物に共感できること
3　場所や人物などの描写が細かいこと
4　登場人物が皆一緒に悩んだり喜んだりすること

4番

1　操縦者の操作ミス
2　安全点検を疎かにしたから
3　ルールを守らなかったから
4　電子機器を使う人がいたから

5番

1　ゆとり教育を行ってきたから
2　家族の形態が変わったから
3　親子の心の関係が変ったから
4　親自身が自信をなくしたから

6番

1　書類を送ることを知らせるため
2　書類を届けることを知らせるため
3　書類を送ってほしいと頼むため
4　書類を届けてほしいと頼むため

N1全真模拟试题

問題3

問題3では、問題用紙に何も印刷されていません。この問題は全体としてどんな内容かを聞く問題です。話の前に質問はありません。まず話を聞いてください。それから、質問と選択肢を聞いて、1から4の中から、最もよいものを一つ選んでください。

—メモ—

問題4

問題4では、問題用紙に何も印刷されていません。まず、文を聞いてください。それから、それに対する返事を聞いて、1から3の中から、最もよいものを一つ選んでください。

—メモ—

問題5

問題5では長めの話を聞きます。この問題には練習はありません。

メモをとってもかまいません。

1番

問題用紙に何も印刷されていません。まず話を聞いてください。それから、質問と選択肢を聞いて、1から4の中から、最もよいものを一つ選んでください。

—メモ—

2番

まず話を聞いてください。それから、二つの質問を聞いて、それぞれ問題用紙の1から4の中から、最もよいものを一つ選んでください。

質問1

1　消火器(しょうかき)の点検(てんけん)を行(おこな)う
2　消火器(しょうかき)を点検(てんけん)してもらう
3　火事(かじ)に気(き)をつけるよう呼(よ)びかける
4　展示会(てんじかい)に参加(さんか)する

質問2

1　消火器(しょうかき)の点検(てんけん)を行(おこな)う
2　消火器(しょうかき)を点検(てんけん)してもらう
3　火事(かじ)に気(き)をつけるよう呼(よ)びかける
4　展示会(てんじかい)に参加(さんか)する

正答表

模擬テスト第１回

文字・語彙

問題 1	**1**	**2**	**3**	**4**	**5**	**6**	
	3	1	4	1	2	3	
問題 2	**7**	**8**	**9**	**10**	**11**	**12**	**13**
	4	1	2	1	3	4	4
問題 3	**14**	**15**	**16**	**17**	**18**	**19**	
	2	3	1	2	1	3	
問題 4	**20**	**21**	**22**	**23**	**24**	**25**	
	2	3	2	3	4	3	

文法

問題 5	**26**	**27**	**28**	**29**	**30**
	4	1	2	1	2
	31	**32**	**33**	**34**	**35**
	4	2	1	4	3
問題 6	**36**	**37**	**38**	**39**	**40**
	3	3	1	4	2
問題 7	**41**	**42**	**43**	**44**	**45**
	3	4	2	2	1

読解

問題 8	**46**	**47**	**48**	**49**
	3	1	3	4
問題 9(1)	**50**	**51**	**52**	
	4	3	2	

問題 9(2)	**53**	**54**	**55**	
	2	3	4	
問題 9(3)	**56**	**57**	**58**	
	4	1	1	
問題 10	**59**	**60**	**61**	**62**
	4	2	2	2
問題 11	**63**	**64**	**65**	
	3	1	3	
問題 12	**66**	**67**	**68**	**69**
	3	4	3	1
問題 13	**70**	**71**		
	2	4		

聴解

問題 1	**1**	**2**	**3**	**4**	**5**	
	3	1	2	3	4	
問題 2	**1**	**2**	**3**	**4**	**5**	**6**
	2	2	4	3	4	1
問題 3	**1**	**2**	**3**	**4**	**5**	
	1	2	1	3	3	
問題 4	**1**	**2**	**3**	**4**	**5**	
	2	2	2	1	3	
	6	**7**	**8**	**9**	**10**	**11**
	3	1	2	1	2	3
問題 5	**1**	**2**				
	2	2 3				

模擬テスト第 2 回

文字・語彙

問題 1	1	2	3	4	5	6	
	4	2	1	4	3	1	
問題 2	7	8	9	10	11	12	13
	1	3	4	2	3	2	1
問題 3	14	15	16	17	18	19	
	1	3	1	2	4	2	
問題 4	20	21	22	23	24	25	
	4	2	1	2	3	2	

文法

問題 5	26	27	28	29	30
	1	1	2	4	3
	31	32	33	34	35
	3	3	4	2	4
問題 6	36	37	38	39	40
	2	2	1	1	4
問題 7	41	42	43	44	45
	2	4	1	3	1

読解

問題 8	46	47	48	49
	3	1	3	4
問題 9(1)	50	51	52	
	3	1	2	
問題 9(2)	53	54	55	
	2	3	3	

問題 9(3)	**56**	**57**	**58**	
	3	1	3	
問題 10	**59**	**60**	**61**	**62**
	2	1	3	4
問題 11	**63**	**64**	**65**	
	3	2	2	
問題 12	**66**	**67**	**68**	**69**
	2	1	4	3
問題 13	**70**	**71**		
	3	4		

聴解

問題 1	**1**	**2**	**3**	**4**	**5**	
	1	2	3	2	2	
問題 2	**1**	**2**	**3**	**4**	**5**	**6**
	4	2	2	4	3	3
問題 3	**1**	**2**	**3**	**4**	**5**	
	2	4	3	3	4	
問題 4	**1**	**2**	**3**	**4**	**5**	
	2	1	3	3	2	
	6	**7**	**8**	**9**	**10**	**11**
	1	2	3	1	2	2
問題 5	**1**	**2**				
	3	3 / 2				

模擬テスト第 3 回

文字・語彙

問題 1	**1**	**2**	**3**	**4**	**5**	**6**	
	2	4	1	3	2	4	
問題 2	**7**	**8**	**9**	**10**	**11**	**12**	**13**
	1	4	2	2	3	1	4
問題 3	**14**	**15**	**16**	**17**	**18**	**19**	
	3	1	2	4	2	3	
問題 4	**20**	**21**	**22**	**23**	**24**	**25**	
	3	2	1	4	2	3	

文法

問題 5	**26**	**27**	**28**	**29**	**30**
	4	3	3	1	1
	31	**32**	**33**	**34**	**35**
	1	2	1	2	2
問題 6	**36**	**37**	**38**	**39**	**40**
	3	2	2	4	1
問題 7	**41**	**42**	**43**	**44**	**45**
	1	3	4	2	1

読解

問題 8	**46**	**47**	**48**	**49**
	3	1	2	2
問題 9(1)	**50**	**51**	**52**	
	3	2	4	
問題 9(2)	**53**	**54**	**55**	
	3	1	4	

問題 9（3）	**56**	**57**	**58**	
	4	2	3	
問題 10	**59**	**60**	**61**	**62**
	1	4	3	4
問題 11	**63**	**64**	**65**	
	3	2	4	
問題 12	**66**	**67**	**68**	**69**
	2	3	1	4
問題 13	**70**	**71**		
	1	2		

聴解

問題 1	**1**	**2**	**3**	**4**	**5**	
	2	1	4	2	2	
問題 2	**1**	**2**	**3**	**4**	**5**	**6**
	4	1	3	1	3	3
問題 3	**1**	**2**	**3**	**4**	**5**	
	2	3	3	4	1	
問題 4	**1**	**2**	**3**	**4**	**5**	
	1	1	2	1	3	
	6	**7**	**8**	**9**	**10**	**11**
	2	1	1	2	2	3
問題 5	**1**	**2**				
	3	2 4				

模擬テスト第4回

文字・語彙

問題1	1	2	3	4	5	6	
	1	2	4	2	3	4	
問題2	7	8	9	10	11	12	13
	3	1	4	1	2	3	3
問題3	14	15	16	17	18	19	
	3	2	4	4	3	1	
問題4	20	21	22	23	24	25	
	4	2	3	2	1	2	

文法

問題5	26	27	28	29	30
	4	4	1	1	4
	31	32	33	34	35
	3	2	3	3	4
問題6	36	37	38	39	40
	1	4	3	4	3
問題7	41	42	43	44	45
	2	1	4	3	4

読解

問題8	46	47	48	49
	3	4	2	3
問題9(1)	50	51	52	
	2	1	4	
問題9(2)	53	54	55	
	1	2	4	

問題 9(3)	**56**	**57**	**58**	
	4	3	2	
問題 10	**59**	**60**	**61**	**62**
	3	2	1	4
問題 11	**63**	**64**	**65**	
	3	4	4	
問題 12	**66**	**67**	**68**	**69**
	2	4	3	2
問題 13	**70**	**71**		
	3	4		

聴解

問題 1	**1**	**2**	**3**	**4**	**5**	
	3	3	1	1	4	
問題 2	**1**	**2**	**3**	**4**	**5**	**6**
	3	4	3	3	3	4
問題 3	**1**	**2**	**3**	**4**	**5**	
	3	4	2	4	2	
問題 4	**1**	**2**	**3**	**4**	**5**	
	2	3	1	1	2	
	6	**7**	**8**	**9**	**10**	**11**
	3	2	3	2	3	2
問題 5	**1**	**2**				
	2	3 2				

模擬テスト第 5 回

文字・語彙

問題 1	**1**	**2**	**3**	**4**	**5**	**6**	
	3	1	4	3	2	3	
問題 2	**7**	**8**	**9**	**10**	**11**	**12**	**13**
	1	3	1	4	2	3	2
問題 3	**14**	**15**	**16**	**17**	**18**	**19**	
	2	4	1	3	1	2	
問題 4	**20**	**21**	**22**	**23**	**24**	**25**	
	3	4	2	3	1	3	

文法

問題 5	**26**	**27**	**28**	**29**	**30**
	1	2	4	4	3
	31	**32**	**33**	**34**	**35**
	1	2	2	3	1
問題 6	**36**	**37**	**38**	**39**	**40**
	4	1	4	4	4
問題 7	**41**	**42**	**43**	**44**	**45**
	2	3	2	3	4

読解

問題 8	**46**	**47**	**48**	**49**
	1	3	3	2
問題 9(1)	**50**	**51**	**52**	
	3	1	2	
問題 9(2)	**53**	**54**	**55**	
	3	2	3	

問題 9(3)	**56**	**57**	**58**	
	3	3	2	
問題 10	**59**	**60**	**61**	**62**
	4	3	2	4
問題 11	**63**	**64**	**65**	
	4	3	2	
問題 12	**66**	**67**	**68**	**69**
	2	1	2	4
問題 13	**70**	**71**		
	2	4		

聴解

問題 1	**1**	**2**	**3**	**4**	**5**	
	3	3	1	1	4	
問題 2	**1**	**2**	**3**	**4**	**5**	**6**
	2	2	2	3	1	4
問題 3	**1**	**2**	**3**	**4**	**5**	
	4	3	3	4	3	
問題 4	**1**	**2**	**3**	**4**	**5**	
	3	3	1	2	3	
	6	**7**	**8**	**9**	**10**	**11**
	3	1	3	3	2	2
問題 5	**1**	**2**				
	3	2 1				

模擬テスト第6回

文字・語彙

問題 1	**1**	**2**	**3**	**4**	**5**	**6**	
	2	1	4	3	1	2	
問題 2	**7**	**8**	**9**	**10**	**11**	**12**	**13**
	4	3	1	2	4	2	3
問題 3	**14**	**15**	**16**	**17**	**18**	**19**	
	3	1	2	3	4	1	
問題 4	**20**	**21**	**22**	**23**	**24**	**25**	
	2	1	4	3	2	4	

文法

問題 5	**26**	**27**	**28**	**29**	**30**
	3	4	2	1	4
	31	**32**	**33**	**34**	**35**
	1	1	4	3	4
問題 6	**36**	**37**	**38**	**39**	**40**
	3	4	3	3	4
問題 7	**41**	**42**	**43**	**44**	**45**
	3	2	4	1	1

読解

問題 8	**46**	**47**	**48**	**49**
	3	1	4	3
問題 9(1)	**50**	**51**	**52**	
	4	2	3	
問題 9(2)	**53**	**54**	**55**	
	2	4	3	

問題 9(3)	**56**	**57**	**58**	
	4	1	4	
問題 10	**59**	**60**	**61**	**62**
	4	2	3	3
問題 11	**63**	**64**	**65**	
	2	3	4	
問題 12	**66**	**67**	**68**	**69**
	4	2	3	1
問題 13	**70**	**71**		
	2	3		

聴解

問題 1	**1**	**2**	**3**	**4**	**5**	
	3	2	1	2	2	
問題 2	**1**	**2**	**3**	**4**	**5**	**6**
	3	3	3	1	1	3
問題 3	**1**	**2**	**3**	**4**	**5**	
	3	4	3	1	1	
問題 4	**1**	**2**	**3**	**4**	**5**	
	2	3	2	3	2	
	6	**7**	**8**	**9**	**10**	**11**
	3	3	1	2	1	2
問題 5	**1**	**2**				
	2	2 1				

模擬テスト第７回

文字・語彙

問題 1	**1**	**2**	**3**	**4**	**5**	**6**	
	2	1	3	1	4	4	
問題 2	**7**	**8**	**9**	**10**	**11**	**12**	**13**
	3	1	2	3	4	2	1
問題 3	**14**	**15**	**16**	**17**	**18**	**19**	
	2	3	1	4	2	2	
問題 4	**20**	**21**	**22**	**23**	**24**	**25**	
	3	1	2	3	4	1	

文法

問題 5	**26**	**27**	**28**	**29**	**30**
	3	2	1	2	1
	31	**32**	**33**	**34**	**35**
	2	4	3	1	3
問題 6	**36**	**37**	**38**	**39**	**40**
	1	4	2	1	3
問題 7	**41**	**42**	**43**	**44**	**45**
	2	3	1	4	3

読解

問題 8	**46**	**47**	**48**	**49**
	1	3	4	3
問題 9（1）	**50**	**51**	**52**	
	2	4	3	
問題 9（2）	**53**	**54**	**55**	
	2	1	2	

問題 9(3)	**56**	**57**	**58**	
	2	3	1	
問題 10	**59**	**60**	**61**	**62**
	4	1	2	4
問題 11	**63**	**64**	**65**	
	4	4	1	
問題 12	**66**	**67**	**68**	**69**
	2	4	4	2
問題 13	**70**	**71**		
	1	3		

聴解

問題 1	**1**	**2**	**3**	**4**	**5**	
	3	1	2	1	2	
問題 2	**1**	**2**	**3**	**4**	**5**	**6**
	2	3	4	1	3	3
問題 3	**1**	**2**	**3**	**4**	**5**	
	3	1	2	2	3	
問題 4	**1**	**2**	**3**	**4**	**5**	
	2	3	2	3	1	
	6	**7**	**8**	**9**	**10**	**11**
	3	2	2	3	1	2
問題 5	**1**	**2**				
	3	1 1				

模擬テスト第8回

文字・語彙

問題 1	**1**	**2**	**3**	**4**	**5**	**6**	
	2	4	1	2	1	3	
問題 2	**7**	**8**	**9**	**10**	**11**	**12**	**13**
	2	3	4	1	2	1	3
問題 3	**14**	**15**	**16**	**17**	**18**	**19**	
	1	3	4	2	1	2	
問題 4	**20**	**21**	**22**	**23**	**24**	**25**	
	2	4	1	3	1	2	

文法

問題 5	**26**	**27**	**28**	**29**	**30**
	3	1	2	1	4
	31	**32**	**33**	**34**	**35**
	2	4	2	4	3
問題 6	**36**	**37**	**38**	**39**	**40**
	2	3	3	2	1
問題 7	**41**	**42**	**43**	**44**	**45**
	3	1	2	2	4

読解

問題 8	**46**	**47**	**48**	**49**
	1	1	1	4
問題 9(1)	**50**	**51**	**52**	
	2	2	3	
問題 9(2)	**53**	**54**	**55**	
	3	1	4	

問題 9(3)	**56**	**57**	**58**	
	3	3	4	
問題 10	**59**	**60**	**61**	**62**
	4	4	3	3
問題 11	**63**	**64**	**65**	
	3	4	2	
問題 12	**66**	**67**	**68**	**69**
	2	3	3	3
問題 13	**70**	**71**		
	2	4		

聴解

問題 1	**1**	**2**	**3**	**4**	**5**	
	4	3	4	3	2	
問題 2	**1**	**2**	**3**	**4**	**5**	**6**
	4	1	2	2	3	2
問題 3	**1**	**2**	**3**	**4**	**5**	
	3	2	3	4	1	
問題 4	**1**	**2**	**3**	**4**	**5**	
	3	2	1	2	1	
	6	**7**	**8**	**9**	**10**	**11**
	3	1	2	2	3	3
問題 5	**1**	**2**				
	4	2　4				

正答表